성공을 부르는
비밀의 문

성공을 부르는
비밀의 문

플로렌스 S. 쉰 지음 | 김병민 옮김

해피&북스

옮긴이의 말

　성공을 부르는 비밀의 문은 지은이 플로렌스 스코블 쉰이 기독교 신앙을 바탕으로 성공의 철학과 긍정의 삶의 처세학을 담고 있다.
　이 책에는 성공의 비밀은 당신이 하는 일에 다른 사람이 관심을 가지도록 하고 있다. 당신 자신이 먼저 자신의 일에 관심을 집중하라. 그럼 다른 사람이 당신에게 관심을 가질 것이다. 좋은 성품과 미소는 종종 성공을 부르는 비밀의 문이 열리도록 도와준다.
　성공은 비밀이 아니다. 성공은 시스템이다. 많은 사람이 절망의 벽에 가로막혀 발전하지 못한다. 용기와 인내는 성공 시스템의 가장 중요한 요소이다. 인생은 혼자서 하는 게임이다. 당신이 바뀌면 모든 상황이 그에 맞게 변하게 되는 것이다.

성공한 사람은 성공에 관한 생각을 한시도 잊지 않는 사람이다. 그 생각이 진리와 진실의 바위 위에 서 있다면 결국 성공이란 결실을 보게 될 것이다. 늘 생각하고 늘 행동하라고 말한다.

큰 기회와 큰 성공은 당신이 최소한으로 기대하고 있을 때에 찾아오는 것이 보통이다. 당신은 끌어당김의 법칙이 작동하도록 하기 위해 오랫동안 충분히 기대하지 않으면 안 된다.

불행이란 영혼이 직관을 통해 나타내는 것에 신뢰를 보내지 않을 때 나타나는 것이다. 위대한 업적은 모두 자신의 위대한 아이디어에 집착한 사람들에 의해 달성되어 왔다. 당신에게 필요한 것을 위해 긍정의 말을 토하라고 강조한다.

부유해짐의 법칙은 양 방향의 길이 아닌 일방통행의 길이다. 빈곤을 향해 가든가, 아니면 부유함을 위해 갈 뿐이다. 부유한 의식을 가진 사람과 빈곤한 의식을 가진 사람은 다른 길을 가게 된다.

 인간은 전적으로 신뢰하지 않으면 안 되는 직관과 연결되지 않을 때 궁핍에 빠져든다. 창의의 직관은 완벽하게 우리를 충족시켜 줄 방법을 알고 있다. 이성의 판단과 개인의 의지는 창의의 직관과 연결되는 것을 방해한다.

 당신이 원하는 것을 보이지 않는 방법으로 이미 받았음에 감사하라. 그렇게 하면 목적을 향한 발걸음이 가벼워질 것이다. 당신을 안내하는 직관에 깨어 있으라. 그러면 어느 순간 당신이 약속의 땅으로 들어가 있음을 발견하게 될 것이다.

 잠자고 있는 당신을 깨워라. 그래서 당신의 행운을 좇아가 붙들어라! 지나간 일, 과거의 일은 절대로 생각하지 말라! 과거 속에 파묻혀 지내는 것은 자신을 아름다운 세상으로부터 단절시키는 것과 마찬가지이다. 지금에만 관심을 가져야 한다. 지금이야말로 약속이 이루어지는 순간이요, 오늘이 바로 그날이다. 항상 눈을 크게 뜨고 좋은 것을 찾으라고 강조하고 있다.

옮긴이 **김병민**

C·O·N·T·E·N·T·S

옮긴이의 말

Chapter 01.　**성공을 부르는 비밀의 문**　　**11**
　　　　　　　The Secret Door to Success

Chapter 02.　**밀짚 없는 벽돌**　　**25**
　　　　　　　Brick without Straw

Chapter 03.　**그들 중 다섯 명은 현명했다**　　**43**
　　　　　　　And Five of Them were Wise

Chapter 04.　**당신은 무엇을 기대하는가?**　　**59**
　　　　　　　What do You Expect?

Chapter 05.　**하나님의 강한 팔**　　**71**
　　　　　　　The Long Arm of God

Chapter 06.　**분기점**　　**87**
　　　　　　　The Fork in the Road

Chapter 07.　**홍해 건너기**　　**103**
　　　　　　　Crossing Your Red Sea

Chapter 08. **파수꾼** ———————————————— 119
The Watchman at the Gate

Chapter 09. **부유해짐의 법칙** ———————————— 135
The Way of Abundance

Chapter 10. **나는 절대 궁핍하지 않다** ——————— 147
I shall Never Want

Chapter 11. **기적을 기대하라** ——————————— 163
Look with Wonder

Chapter 12. **당신이 원하고 있는
　　　　　　행운을 좇아가 잡아라** ——————— 179
Catch up with Good

Chapter 13. **사막의 강** ——————————————— 191
River in the Dessert

Chapter 14. **백설 공주와 일곱 난쟁이가
　　　　　　들려주는 삶의 의미** ——————— 203
Snow White and Seven Dwarfs

Chapter 01

성공을 부르는

비밀의 문

The Secret Door to Success

성공의 비밀 하나,
당신이 하는 일에 다른 사람이 관심을 가지도록 하라!

성공을 향해 외쳐라!

성공을 향해 외쳐라!

성공한 사람은 자주 이런 질문을 받는다.

"당신의 성공 비결은 무엇입니까?"

어느 누구도 실패한 사람에게 이런 질문을 던지지 않는다.

"실패의 원인은 무엇입니까?"

이는 실패의 원인은 너무나 쉽게 드러나 있어서 관심을 갖지 않기 때문이다. 사람은 누구를 막론하고 '성공을 부르는 비밀의 문'을 여는 방법에 대해 알고 싶어 한다. 이 세상의 모든 사람에게는 성공이 기다리고 있다. 하지만 성공은 언제나 어떤 문이나 벽 뒤에 있다.

  행동이나 실천이 없이는 성공의 성과를 기대할 수 없다. 복권에 당첨되려면 복권을 사는 행동이 뒤따라야 한다. 아무리 마음의 준비가 잘 갖추어져 있다고 해도 행동으로 실행하지 않는 사람은 당연히 부자가 될 수 없다.

  계획이 아무리 좋은들 실행하지 않으면 쓸데없다. 내일의 계획은 오늘의 하찮은 행동에 미치지 못한다. 원숭이처럼 계획하고 소처럼 믿음을 가지고 코뿔소처럼 밀고 나간 후에 기다려도 늦지 않는다.

  가만히 앉아 기다리고 있는 상태에서는 금전운이 따라오지 않는다. 마음속으로 바라고 몸으로 실행해야만 비로소 어떤 행운이라도 잡을 수 있다.

  우리는 성경을 통해 여리고 성 함락에 관한 엄청난 이야기를 알고 있다. 물론 성경에 등장하는 모든 이야기는 표면적인 의미보다 형이상학의 해석을 담고 있다. 나는 당신에게 당신의 성공을 가로막고 있는 벽(당신의 여리고 성벽)에 대해 이야기하고자 한다. 사람들은 거의 예외 없이 들어가려는 성공의 성 주위에 자신의 성벽을 쌓아 놓고 있다.

그러나 들어갈 수 없는 성 안에는 앞으로 당신에게 다가올 멋진 성공과 간절한 소망 같은 위대한 보물로 가득 차 있다. 당신은 당신만의 성공의 성 주위에 어떤 벽을 쌓고 있는가? 그것은 누군가에게 혹은 어떤 상황을 원망하여 좋은 것을 얻지 못하게 하는 분노의 벽일 수 있다. 당신이 자신을 '실패자'라고 인정하고, 누군가의 성공을 시샘하고 있다면 당신에게 예정된 성공으로부터 멀어지고 있는 것이다. 시샘과 분노를 없애 주는 다음의 선언문을 명심하라.

"남들에게 베풀어진 축복이 지금은 나에게 그 이상으로 베풀어질 차례이다."

누군가로부터 선물을 받은 친구를 시샘한 여인이 이 선언문을 외치자, 그녀에게는 친구가 받았던 선물 외에 또 다른 선물이 주어졌던 것이었다. 어리고 성벽이 무너진 것은 이스라엘 백성이 고함을 질렀을 때였다. 당신이 진리를 인정한다면, 약속한 말을 외친다면 성공을 가로막는 여리고 성벽도 그렇게 무너뜨릴 수 있게 될 것이다. 나는 실의에 빠진 한 여인에게 다음의 선언문을 반복해서 말하도록 했다.

"결핍과 뒤로 미뤄짐의 벽이 무너져서 나는 이제 당당하게 축복의 땅으로 들어서노라."

선언문을 반복하던 여인은, 자신 앞에 무너져 내린 성벽을 뛰어넘는 모습이 생생하게 그려지자마자 자신 앞에 원하던 것이 드러났다. 지금 당신의 삶에 변화를 일으키는 것은 소망을 현실화시켜 주는 말이다. 말과 생각은 라디오 전파와 같은 성질을 가진다. 당신의 일에 관심을 가지고, 당신이 하는 일을 즐기는 것이야말로 성공을 향한 비밀의 문을 여는 방법이다.

오래 전에 강연 차 캘리포니아로 가는 중에 파나마 운하를 통과하는 여객선에서 짐 털리라는 신사를 만난 적이 있었다. 그는 오랫동안 방랑생활을 했었다고 하면서 자신을 '부랑자의 왕'이라 말했다. 그는 야심이 많고 또 교육도 많이 받은 사람이었다. 상상력이 풍부한 그는 자신의 경험을 소재로 소설을 집필했다고 하였다. 자신의 일을 즐긴 그는 방랑생활을 소설화시켰고 결국 유명작가가 될 수 있었다는 것이었다.

그의 작품 중 「밖에서 안을 들여다 봄(Outside Looking In)」은 영화로도 제작되었다. 유명인이 되어 할리우드에서 부유하게 살고 있는 그는 성공을 부르는 비밀의 문을 어떻게 열었을까?

자신이 하는 일에 흥미를 느끼는 그의 삶을 보여주는 드라마 작업은 대부분 방랑생활에 관한 것이다. 어느 날 저녁, 우리는 선장의 식탁에 초대받아 대화를 나누었다. 그 자리에 함께했던 그레이스 스톤 여사는 「엔 장군의 쓰디쓴 찻잔」이란 작품을 쓴 작가로서, 자신의 작품을 영화로 만들기 위해 할리

우드로 가는 중이었다. 그녀는 중국에서 사는 동안 그 작품에 대한 영감을 얻었다고 했다.

성공의 비밀은 당신이 하는 일에 다른 사람이 관심을 가지도록 하는 것이다. 당신 자신이 먼저 자신의 일에 관심을 집중하라. 그럼 다른 사람이 당신에게 관심을 가질 것이다. 좋은 성품과 웃음은 종종 성공을 부르는 비밀의 문이 열리도록 도와준다. 중국속담에 이런 말이 있다.

"웃음을 지을 줄 모르는 사람은 장사를 해서는 안 된다."

쉬발리에가 주연을 맡은 어느 귀족에 관한 애기인 《웃음을 지으면서》라는 프랑스 영화를 보면 웃음으로 얻은 성공의 예가 잘 나타나 있다. 가난하고, 외롭고, 그래서 인생을 거의 자포자기한 사람이 귀족에게 물었다.

"정직이 나에게 무슨 도움이 된다고 생각하십니까?"

귀족은 다음과 같이 대답했다.

"웃음을 지을 줄 모른다면 결코 정직은 도움이 되

지 않네."

이 말을 들은 그 남자는 항상 웃음을 지었고, 결국 크게 성공할 수 있었다는 내용이었다. 현재의 불행을 비관하면서 과거 속에 얽매어 사는 것은 당신의 여리고 성에 두꺼운 벽을 견고히 쌓는 행위이다.

자신의 문제에 관해 지나치게 말을 많이 하는 것은 자신의 에너지를 분산시키는 행위로서, 자신을 두꺼운 벽으로 이끌고 가게 하는 행위이다. 나는 머리도 좋고 능력도 뛰어나지만 인생에서는 철저하게 실패한 한 사람을 알고 있다.

어머니, 이모와 같이 살았던 그는 날마다 저녁 밥상머리에서 직장에서 일어났던 일과 자신의 희망, 걱정, 실패에 대한 것까지 모두 떠벌렸다. 그에게 나는 충고했다.

"당신은 자신의 일에 대해 지나치게 말을 많이 해서 에너지를 분산시키고 있군요. 그러니 당신의 일에 대해 가족과 의논하지 마세요. 때때로 침묵이 금이랍니다!"

그는 내 충고를 받아들였고 자신의 일에 대해서

시시콜콜 말하지 않았다. 그의 어머니와 이모는 실망했다. 그들은 그에게 벌어진 모든 일에 대해 알고 싶어 했지만 그는 말하지 않았다.

결국 침묵은 금으로 나타났다! 그는 얼마 되지 않아 일주일에 100달러를 받는 자리로 승진했고, 몇 년 후에는 일주일에 무려 300달러를 받는 자리에 오를 수 있었다(대공황이 휩쓸던 1930년대이다).

성공은 비밀이 아니다. 성공은 시스템이다. 많은 사람이 절망의 벽에 가로막혀 발전하지 못한다. 용기와 인내는 성공 시스템의 가장 중요한 요소이다. 성공한 사람의 삶 속에서 우리는 그러한 예를 찾아낼 수 있다. 나는 내 눈으로 그러한 예를 직접 목격한 적이 있다.

친구를 만나기 위해 극장에 갔을 때의 일이다. 영화관 앞에서 영화 팸플릿을 파는 소년이 있었다. 소년은 행인들에게 이렇게 외치고 있었다.

"배우들의 사진과 사생활을 담은 완벽한 팸플릿을 사세요!"

대부분의 행인이 그에게 관심을 보이지 않았다.

그때 갑자기 소년이 나에게 고개를 돌리더니 이렇게 말하는 것이 아닌가!

"야망을 가진 사나이가 이런 것 좀 판다고 해서 사기꾼이라고 하시진 않으시겠죠?"

소년은 나에게 성공에 관한 자신의 견해를 들려주었다.

"대부분의 사람은 큰일을 이루기 직전에 포기하고 말지요. 하지만 성공한 사람은 절대로 포기하지 않아요."

그에게 관심을 가지게 된 나는 이렇게 말해 주었다.

"다음번에 내가 책을 한 권 갖다 주마. 「인생 게임을 즐기는 방법 (The Game of Life and How to Play It)」이란 제목의 책인데 너도 그 내용에 공감할 것 같구나."

일 주일인가 이 주일 후에 나는 책을 들고 그 자리를 다시 찾아갔다. 매표소에서 표를 파는 아가씨가 소년에게 말했다.

"에디, 네가 팸플릿을 파는 동안 내가 좀 읽어 보

자꾸나."

 표를 사던 남자가 무슨 책인데 저러나 싶어 고개를 돌려 책을 쳐다봤다. '인생 게임' 이라는 말은 항상 사람의 관심을 끌어 모은다.

 3주 후 나는 다시 극장을 찾아갔다. 에디는 보이지 않았다. 자신이 좋아하는 새로운 일을 찾아 떠났다는 것이었다. 그는 절망을 거부하고 자신의 여리고 성벽을 무너뜨린 것이었다. 과감히 성공의 성을 향해 나아갔던 것이다. 성경에는 성공이란 단어가 단 두 번 등장한다. 그것도 여호수아에서이다.

 "마음을 굳게 먹고 용기를 가져라. 너는 이 백성을 인도하여 내가 너희 조상에게 주겠다고 약속한 땅을 얻게 할 지도자이다. 너는 굳세어라. 용기를 내어라. 나의 종 모세가 너에게 준 모든 율법을 하나도 소홀히 하지 말고 정성껏 지켜라. 그러면 네가 어디로 가든지 성공할 것이다. 이 율법 책을 항상 읽고 밤낮으로 묵상하며 그 가운데 기록된 것을 하나도 빠짐없이 지켜라. 그래야 네가 잘 되고 성공할 것이다."

성공의 길은 일직선이며 좁다. 성공의 길은 몰입을 즐겨하는 길이요, 관심을 분산시키지 않는 길이다. 대부분의 사람은 자신이 몰입할 수 있는 일에만 흥미를 가진다. 많은 생각과 시간을 바칠 생각이 없다면 당신은 그 일에 관심이 없을 것이다. 혹시 불의한 생각을 많이 하고 있다면 당신은 불의한 일에 관심이 있는 것이다.

여호수아가 말했다.

"제사장이 나팔을 한 번 길게 불면 모든 백성이 큰 소리로 외치게 하라. 그러면 그 성벽이 무너질 것이다. 그때 너희 모든 군대는 곧장 성 안으로 쳐들어가야 한다."

이 이야기는 말의 힘에 대해 말하고 있다. 당신의 말에 의해 장벽을 무너뜨리고 고난을 해결할 수 있다는 암시가 숨겨져 있는 것이다. 우리는 수많은 전설과 동화에서도 똑같은 진실을 발견한다.

"말이 문을 열고, 말이 바위를 쪼갠다는 것."

바로 이것이다.

아라비안나이트 이야기 중의 하나인 《알라바바와

40인의 도둑》에서 알라바바는 깊은 산속 험한 바위 틈에 숨겨진 비밀의 장소를 알고 있었다. 그 견고한 문을 여는 방법은 오직 비밀의 말을 외치는 것뿐이다.

"열려라, 참깨!"

알라바바는 바위 앞에 서서 외쳤다.

"열려라, 참깨!"

바위는 둘로 갈라지면서 문을 열어 주었다. 올바른 말이 당신의 바위를 깨뜨리고 장벽을 걷어 낸다는 점에서 이 이야기는 우리에게 매우 교훈적이다. 자, 우리 입으로 이 선언문을 반복하여 외쳐 보자.

"결핍과 뒤로 미뤄짐의 벽이 무너져서 나는 이제 당당하게 축복의 땅으로 들어서노라."

Chapter 02

밀짚 없는

벽돌

Brick without Straw

성공과 행복, 부유함을 향해 진동을 보내라!

부정한 사고로부터 자신을 해방시키자!

부정한 사고로부터 자신을 해방시키자!

    성경의 출애굽기 5장을 살펴보면 당시의 생활상을 살펴볼 수 있다. 이스라엘 백성은 잔혹하게 노동을 시키는 이집트의 왕 '바로'로부터 혹독한 고통을 받고 있었다. 노예 신분이었던 이스라엘 백성은 증오와 경멸의 마음으로 벽돌을 만들고 있었다.

    모세는 하나님으로부터 노예 상태에서 고통을 받고 있는 이스라엘 백성을 구하라는 명령을 받는다. 그 후에 모세와 아론이 바로에게 가서 말하였다.

"이스라엘의 하나님 여호와께서 '내 백성을 보내 그들이 광야에서 나를 기념하는 명절을 지키게 하라'고 말씀하십니다."

하지만 바로는 모세가 전한 하나님의 말씀을 듣고도 이스라엘 백성을 풀어주기는커녕 전보다 더 힘든 일을 하도록 명령했다. 그것은 밀짚 없이 벽돌을 만들라는 것이었다. 그 명령을 전달받은 감독관들은 이스라엘 백성에게 바로가 더 이상 밀짚을 제공해 주지 않을 것이라고 알린다.

"너희는 벽돌을 만드는 데 필요한 짚을 백성에게 더 이상 공급하지 말고 그들이 직접 가서 구해 쓰게 하라. 지금까지 만들던 벽돌의 수를 그대로 만들게 하고 작업량을 조금도 줄이지 말라."

밀짚 없이 벽돌을 만드는 것은 거의 불가능한 일이었다. 이스라엘 백성은 바로에게 극심한 고통에 시달렸고, 벽돌을 생산하지 못한다고 죽도록 매를 맞았다.

그때 하나님으로부터 모세에게 또 다른 메시지가 전달되었다.

"그러므로 너는 이스라엘 자손에게 내가 이렇게 말한다고 일러 주어라. '나는 여호와이다.' 내가 너희를 이집트 사람의 노예 생활에서 해방시켜 자유로운 몸이 되게 하고 큰 능력과 심판으로 너희를 구원하여 내 백성으로 삼고 나는 너희 하나님이 될 것이다. 그러면 너희는 내가 이집트 사람의 노예 생활에서 너희를 구출한 하나님 여호와임을 알게 될 것이다."

이스라엘 백성은 밀짚 없이 벽돌을 만드는, 상식적으로 불가능해 보이는 일을 할 수 있었던 것이다. 우리는 한 평생을 살면서 이와 비슷한 상황을 수도 없이 자주 마주친다. 애그니스 M. 로슨은 그녀의 저서 「성경 공부하는 사람을 위한 힌트(Hints to Bible Students)」에서 이렇게 주장하였다.

"이집트에서 식민지 백성으로서 이스라엘 백성의 삶은 파괴의 생각, 자만심, 공포, 분노, 혐오라는 가혹한 지배자에게 시달리는 사람의 삶을 상징한다. 모세는 삶의 법칙을 알고 있었기에 이스라엘 백성이 가혹한 지배자로부터 자유를 얻을 수 있도록 인도하였던 것이다. 삶의 법칙을 먼저 알지 않고선 절대로 우리는 당당하게 자유를 쟁취할 수 없다. 삶의 법칙은 달성되기 위해 존재하는 것이기 때문이다."

성경의 시편 111편 마지막 절에는 이렇게 적혀 있다.

"여호와를 두려워하는 것이 지혜의 첫걸음이다. 그의 교훈을 따르는 자가 다 좋은 지각을 얻게 되니 그는 영원히 찬양을 받으실 분이시다."

이 말씀은 잘 읽어보면 주님의 말씀(법칙)이 문장의 핵심임을 알 수 있다. 하나님이 아닌 하나님의 말씀(숙명적인 법칙)을 두려워하는 것이 지혜의 시작인 것이다. 무엇을 하든 그 결과가 우리에게 되돌아온다는 것을 아는 순간, 우리는 자신의 부메랑 효과를 두려워하기 시작한다. 나는 의학전문지에서 비로가 받았을 부메랑 효과에 대한 논문을 읽은 적이 있다. 모니 헌 경은 리즈 대학에서 강의를 통해 요즘의 사람들에게도 고대의 질병이 그대로 나타나고 있다면서 당시의 문헌을 가감 없이 분석해 보면 바로는 분명 심근경색을 앓았을 것이라고 주장했다. 또한 그는 기원전 1천 년경에 행해진 수술의 결과를 경이롭게도 슬라이드로 보여 주었는데, 그 중에는 이스라엘 백성을 억압하던 바로의 신체를 촬영한 것도 들어 있었다.

"심장에서 뻗어 나온 대동맥은 요즘의 환등기로 분별할 수 있을 정도로 잘 보전되어 있다. 고대 사람의 것인지 요즘 것인지 구분할 수 없을 정도로 생생하다. 그의 심장은 동맥의 벽이 두꺼워지고 굳어져서 탄력성을 잃는 동맥경화로 손상을 받았다."

심장에서 뻗어나가는 혈액량이 줄어들면 정신 변화가 발생하거나, 사고 범위의 축소, 모험에 대한 두려움과 함께 심근경색이 발생할 수 있다. 따라서 바로는 마음이 강퍅해지면서, 자신의 심장이 손상되게 했던 것이다.

요즘이라고 해서 수천 년 전과 하등 다를 것이 없다. 우리는 고통의 땅인 이집트에서 탈출 중인 것이다. 의심과 두려움은 당신을 노예로 만들어버린다. 당신은 절망 상태에서 무엇을 할 수 있을까? 밀짚 없이 벽돌을 만드는 것처럼 막막할 것이다. 하지만 하나님의 말씀을 기억하라.

"나는 여호와이다. 내가 너희를 이집트 사람의 노예 생활에서 해방시켜 자유로운 몸이 되게 하고 큰 능력과 심판으로 너희를 구원하여 내 백성으로 삼고 나는 너희 하나님이 될 것이다."

당신도 밀짚 없이 벽돌을 만들게 될 것이다. 하나님은 길이 없어 보이는 곳에 길을 만드신다. 나는 집세를 내지 못해 곤란을 겪는 어느 여성에 대한 말을 들은 적이 있다. 당장에 돈이 필요했지만 빌릴 수 있는 곳은 없고, 막막한 상태였다.

하지만 그녀는 진리를 믿는 사람으로서 자신에 대한 확신을 입으로 외치는 것을 중단하지 않았다. 그 확신은 곧 그녀의 눈앞에 구체적인 현실로 나타났다.

어느 날, 기르던 개가 밖으로 나가고 싶다면서 낑낑거리자, 그녀는 줄을 개의 목에 걸고 늘 가던 방향으로 산책을 나갔다. 그런데 이게 웬일인가? 개가 다른 방향으로 가겠다고 줄을 잡아당기는 것이었다. 그래서 그녀는 개를 따라 걸었는데, 공원 중간쯤에서 땅에 돈이 떨어져 있는 것을 발견했다. 그 지폐 뭉치를 주워 세어보니 정확히 밀린 방세를 낼 수 있는 액수였다. 혹시 그녀는 돈을 잃어버리고 찾는 사람이 없을까 해서 신문 광고란을 훑어보았지만 그런 광고를 찾을 수가 없었다. 더군다나 공원근처에는 집도 없었다.

지금 당신의 의식 속에서 이성과 지성은 계속해서 이렇게 말하고 있을 것이다.

"말 같지 않는 소리. 무슨 거짓말을 그렇게 터무니없이 꾸며 대나!"

우리는 절대의 선언으로 그렇게 불쾌한 속삭임을 떨쳐 내버려야 한다! 예를 들어 이렇게 말해 보는 것이다.

"겉으로는 불가능해 보이는, 예상치 못했던 좋은 일이 이제 나에게 일어나게 될 것이다."

이러한 선언은 이성의 생각이 쏟아 붓는 주장을

일거에 물리쳐 버린다.

"예상치 못한 좋은 일이 곧 내게 일어난다."

어떤 이성의 생각도 이 말에 대적할 수 없다.

"당신은 당신의 원수보다 더 현명하다."

당신의 내부에는 무한한 보물창고가 있다. 그 때문에 마음만 먹는다면 당신은 언제든지 그곳으로부터 필요한 금액을 꺼내 쓸 수 있다. 단지 사람들 대부분이 돈을 끌어내는 방법을 모르고 있을 뿐이다.

세계적으로 유명한 자동차 왕 헨리 포드가 사업에서 대성공을 거두어 거부가 된 직후에 신문기자와 공식 인터뷰를 하게 되었다.

"포드 씨, 당신은 원래 가난한 농민 출신에 지나지 않았습니다. 어떻게 무에서 출발했던 당신이 이렇게 세계 제일의 부호가 될 수 있었던 이유가 무엇이라고 생각하십니까?"

"그건 실례되는 질문이지요."

"네? 제가 한 질문에 문제가 있습니까?"

"그렇습니다. 지금 제가 아무것도 없는 무에서 출발했다고 말씀하시지 않았습니까?"

"그렇지 않습니까? 포드 씨는 아주 가난한 시절 돈이 거의 없었던 것으로 알고 있는데요."

"아무래도 오해하고 계신 것 같군요. 나는 처음부터 내가 무한한 부를 공급해 줄 우주의 보물창고와 연결되어 있다는 사실을 알고 있었습니다. 내 경우, 그곳으로부터 부를 끌어낸 것에 지나지 않습니다."

부자의 거만이라고 생각하는 사람들이 많을 것이다. 이 말은 포드가 거만해서 한 말이 결코 아니다.

당신의 사고, 의심, 공포, 걱정이 바로 당신의 원수인 것이다. 압제자 바로로부터 영원히 자유를 찾았을 때의 기쁨을 상상해 보라. 의식 속에 안전, 건강, 행복, 부유함을 새긴다는 것은 제약으로부터 벗어난 자유스런 삶을 의미한다. 이러한 상태는 모든 것이 자연스럽게 우리에게 주어지는, 성공한 삶을 의미한다.

인간의 삶은 진동으로 움직이기 때문에 내가 말하는 대로 모든 것이 나에게 주어지게 된다. 성공, 행복, 부유함을 향해 진동을 보내면, 그러한 의식을 상징하는 것이 우리에게 달라붙게 되는 것이다.

당신 자신이 부유하고 성공한 사람이라는 느낌을 가져라. 그러면 어느 날 갑자기 대형 화환을 받거나 아름다운 선물을 받는 것과 같은 놀라운 일을 경험하게 될 것이다.

이 법칙을 증명해 줄 하나의 사례를 들어 보도록 하자. 게임을 하는 파티에 간 적이 있었다. 게임에서 이기는 사람은 누구를 막론하고 상품을 받게 되어 있었다. 상품은 우아한 디자인의 선풍기였다 (1930년대임을 상기하라).

참석자 중에는 모든 것을 가졌다 해도 과언이 아닌 부유한 부인도 있었다. 그녀의 이름은 클라라였다. 가난하고 불만을 가진 사람들이 귀를 맞대고 속삭였다.

"저 여편네가 선풍기를 타지 말았으면 좋겠어."

모든 사람의 시기에도 불구하고 선풍기는 클라라가 받았다. 클라라는 걱정을 모르는, 부유함을 향해 진동을 보내는 사람이었다. 시기와 분노는 당신에게 좋은 것이 찾아오지 못하게 방해하며, 선풍기 같은 상품을 차지하지 못하게 한다. 분노나 시기가 일어날 때 이렇게 외쳐라.

"남들에게 베풀어진 축복이 지금은 나에게 그 이상으로 베풀어질 차례이다."

그러면 선풍기뿐만 아니라 그 이상의 것이 당신을 찾아갈 것이다. 당신에게 좋은 것을 가져다주는 것은 바로 당신 자신이다. 당신에게서 좋은 것을 빼앗아 가는 것도 바로 당신이다. '인생 게임'은 혼자서 하는 게임이다. 따라서 당신이 바뀌면 모든 상황이 그에 맞게 변하게 되는 것이다.

자, 이제 압제자 바로의 얘기로 돌아가 보자. 압제자를 좋아하는 사람은 아무도 없다.

나에게는 리타라는 아주 오래된 친구가 있다. 그

녀의 아버지는 매우 돈이 많고, 그녀와 그녀의 어머니에게 생활필수품, 음식, 옷 등을 마음대로 사게 했지만 사치품은 절대로 용납하지 않았다.

리티는 나와 같이 미술대학에 다녔다. 모든 학생들이 '날개 돋친 승리', '휘슬러의 어머니' 같은 명작 모사품을 사서 집에 걸어두는 것을 좋아했는데, 그녀의 아버지는 모사품을 하등의 가치가 없는 '쓰레기'라고 혹평하면서 그런 물건을 절대로 집에 들이지 못하게 했다. 그녀는 자신의 방이나 작업실에 모사품이나마 명작 그림을 걸어둘 수 없어서 마음껏 감상하지도 못하는 재미없는 삶을 살고 있다고 생각하게 되었다. 게다가 그녀의 아버지는 내 친구와 어머니에게 그렇게 말했다고 한다.

"내 눈에 흙이 들어가기 전에는 그런 물건은 사서는 안 된다."

어느 날 누군가가 리티에게 물었다.

"넌 언제 외국에 갈 거니?"

미술을 공부하는 사람은 거의 모두 외국을 여행하던 시절이었다. 그녀는 망설임 없이 대답했다.

"아버지가 돌아가시기 전에는 꿈도 못 꿔!"

항상 사람은 제약으로부터 해방되는 날을 고대한다.

자, 이제 부정한 사고로부터 스스로 해방시켜 보자. 우리는 지금까지 의심과 두려움, 걱정이란 제약의 노예였다. 모세가 이스라엘 백성을 압제의 땅 이집트에서 해방시킨 것처럼 우리도 우리 자신을 해방시켜야 한다.

당신의 압제자 노릇을 해온 생각을 찾아내라. 부정한 생각의 우두머리를 색출하라. 봄에 통나무 캠프장에 가게 되면, 엄청난 수의 통나무가 베어져 강물을 따라 떠내려가는 것을 볼 수 있다. 간혹 통나무들이 얽혀 그 흐름을 방해하기도 한다. 그러면 인부들이 그 원인이 되는 통나무를 찾아내어 바르게 해 주면, 통나무들이 다시 하류로 떠내려가게 된다. 통나무가 엉켜 길을 막는 것처럼 지금 당신의 가장 큰 문제점은 분노일지 모른다. 분노는 당신에게 좋은 것이 찾아들지 못하게 한다. 분노를 느끼면 느낄수록 당신은 그만큼 더 분노하게 된다. 당신의 두뇌 속에 분노의 길이 닦이게 되면 당신은 습관적으로 분노의 표정을 짓게 되고, 그렇게 되면 당신은 날마다 당신을 기다리고 있는 황금의 기회를 스스로 피하거나 놓쳐버리게 되는 것이다.

거리에 과일장수로 넘쳐나던 수년 전 일이 생각난다. 그들은 좋은 자리를 차지하기 위해 꼭두새벽부터 길거리로 쏟아져 나왔다. 파크 에비뉴에서 장사하던 어떤 남자 앞을 나는 여러 번 지나친 적이 있었는데 그는 항상 몹시 불쾌한 표정을 짓고 있었다.

사람들이 지나갈 때마다 외쳤다.

"사과 사세요, 사과!"

아무도 발을 멈추지 않았다. 나는 사과를 사면서 그에게 이렇게 말했다.

"아저씨, 아저씨는 얼굴 표정을 바꾸기 전에는 절대로 사과를 많이 팔지 못할 것 같네요."

내 말에 그는 이렇게 대답했다.

"저 모퉁이가 원래 내 자리인데 저 녀석한테 빼앗겨서 그래요."

다시 나는 말해주었다.

"모퉁이 자리는 더는 신경 쓰지 마세요. 아저씨가 밝은 표정만 짓는다면 얼마든지 이 자리에서 사과를 많이 팔 수 있을 거예요."

"그렇게 하겠습니다. 부인."

그는 그렇게 대답했고 나는 발길을 옮겼다. 다음 날, 그 길을 나는 가게 되었는데 그의 표정이 완전히 바뀌어 있는 것을 확인할 수 있었다. 밝은 웃음을 띠며 사과를 엄청나게 많이 팔고 있었다. 당신을 가장 괴롭히는 것을 찾아내라. 하나가 아닌 여러 개일 수도 있다. 그것을 찾아내면 성공의 통나무, 행복의 통나무, 부유함의 통나무가 강물을 타고 시원스럽게 흘러내려 갈 것이다.

"남들에게 베풀어진 축복이 지금은 나에게 그 이상으로 베풀어질 차례이다."

Chapter 03

그들 중 다섯 명은
현명했다

And Five of Them were Wise

모두 소원하는 순간, 이미 받은 것처럼 행동하라!

성공을 준비하라!

성공을 준비하라!

마태복음에 현명한 처녀와 어리석은 처녀에 관한 이야기가 있다.

열 처녀 중에 다섯은 어리석고 다섯은 슬기로웠다. 어리석은 처녀들은 등을 가졌으나 기름이 없었고, 슬기로운 처녀들은 등에 기름을 채워 두었다.

이 이야기는 진실한 기도야말로 성공을 위한 준비임을 가르치고 있다.

예수님은 말씀하셨다.

"너희가 기도할 때 무엇이든지 믿고 구하는 것은 다 받을 것이다."

"그러므로 내가 너희에게 말한다. 너희가 기도하고 구하는 것은 무엇이든지 받은 줄로 믿어라. 그러면 그대로 될 것이다."

예수님은 이 비유를 통해 자신이 원하는 것을 준비하는 (그래서 적극적인 믿음을 보이는) 자만이 자신이 꿈꾸는 것을 실현시킬 수 있음을 가르치고 있다.

우리는 위의 말씀을 이렇게 고쳐 말할 수 있다.

"너는 기도하면서 그것을 이미 가졌다고 믿어라. 기도하면서 이미 기도 응답을 받은 것처럼 행동하라."

생각뿐인 믿음, 혹은 이랬다 저랬다 하는 믿음은 절대로 산을 움직일 수 없다. 자, 이제 안락의자에서 일어나 실생활에 발을 내디뎌야 한다. 당신이 몸을 담고 있는 업무에서 그렇게 하는 것이다.

행동이 없는 믿음은 죽은 것이라는 '믿음의 법칙'을 증명해 주는 사례를 들어보도록 하자. 내 제자

중에 외국에 나가지 못해 안달하던 청년이 있었다. 그는 이런 소원의 선언문을 만들어 외우고 다녔다.

"나의 해외여행과 그 경비를 완벽하게 준비해 주신 하나님께 감사를 드립니다."

그는 빈털터리였지만 믿음(기도)의 법칙을 알고 있었기에 먼저 여행용 트렁크를 구입했다. 가운데 커다란 빨강색 밴드가 달린 그 가방을 보면서 그는 매우 행복한 표정을 지었다. 정말로 여행을 떠나는 느낌이 드는 것이었다.

어느 날, 그는 자신의 방이 움직이는 것 같은 느낌을 받았다. 배가 움직이는 것 같았다. 신선한 공기를 쐬려 창문을 여니 항만의 비릿한 냄새까지 맡아지는 것이 아닌가. 그뿐만 아니라 갈매기가 끼룩거리는 소리, 여객선 트랩을 오를 때의 삐걱거리는 소리도 들리는 것이었다. 그의 소원이 담긴 여행용 트렁크가 준비를 시작한 것이었다. 주인을 여행의 파장으로 감싸기 시작한 것이었다.

그 일이 있은 후 얼마 되지 않아 뜻하지 않게 큰 돈이 들어왔고, 그는 여행을 떠날 수 있었다. 그가 나중에 나에게 말하기를 여행은 아주 세세한 부분까지 완벽하게 갖추어져 있었다는 것이었다.

우리는 인생이라는 무대에서 우리 자신을 콘서트 합주에 맞추지 않으면 안 된다. 현재 우리는 공포라는 모티브에 이끌려 움직이고 있는지, 아니면 믿음이라는 모티브에 의해 움직이고 있는지? 열성을 다해 당신을 움직이는 모티브가 무엇인지 알아보도록 하자.

모티브는 인생을 결정하는 절대 요소이다. 만일 당신의 가장 큰 문제가 재정인 것이라면(거의 그럴 것이지만), 당신은 자신에게 부(富)에 대한 진동을 보내서 재정으로 활력을 불어넣어야 하며, 항상 성공에 대한 믿음을 행동함으로써 그 활력에 불을 붙여야 한다.

금전에 대한 물리적인 태도는 하룻밤 사이에 축소될 수 있는 당신의 월급, 수입, 투자에게 신뢰를 보내는 것이다. 이슬람 경전인 코란에도 이런 말이 있다.

"알라께서 주신 것은 절대로 줄어들지 않는다."

문 하나가 닫히면, 그 즉시 다른 문이 열리기 때문이다.

절대로 궁핍하거나 제약을 받는다는 말을 하지 말라. 당신의 말에 의해 당신이 저주를 받을 수 있기 때문이다. 당신의 인생은 보고자 하는 방향대로 흘러간다. 실패의 고통만 보는 사람은 결국 실패와 고통으로 얼룩진 삶을 살게 되는 것이다. 당신은 '경이로운 세계' 즉, 4차원에서 사는 습관을 가지지 않으면 안 된다. 4차원의 세계는 겉으로 드러난 것으로 판단되지 않는 세계이다.

"네가 만일 실패가 성공으로, 병약함이 건강함으로, 궁핍함이 풍족해짐으로 바뀌는 것을 볼 수 있는 내면의 눈을 가진다면 나는 너를 약속의 땅으로 인도하리라."

성공한 사람은 성공에 관한 생각을 한시도 잊지 않는 사람이다. 그 생각이 진리와 진실의 바위 위에 서 있다면 결국 성공의 현실을 보게 될 것이다. 그렇지 않고 모래 위에 서 있다면 파도에 휩쓸려 결국에는 부정한 생각으로 되돌아가 아무것도 이루지 못하게 될 것이다.

 열 처녀 중에 다섯은 어리석고 다섯은 슬기로웠다. 어리석은 처녀들은 등을 가졌으나 기름이 없었고 슬기로운 처녀들은 등에 기름을 채워 두었다.

 등은 인간의 의식을 상징한다. 기름은 깨닫고 이해시키는 것을 의미한다.

 그러나 신랑이 늦도록 오지 않아 처녀들은 모두 졸다가 잠이 들었다. 한밤중에 외치는 소리가 들렸다.

 "자, 신랑이 온다. 맞으러 나오너라!"

 그때 처녀들은 다 일어나 저마다 등을 손질했다. 어리석은 처녀들이 슬기로운 처녀들에게 말했다.

 "우리 등불이 꺼져 가는데 너희 기름을 좀 주겠니?"

 어리석은 처녀들은 의식의 기름인 지혜와 이해가 없었다. 따라서 긴박한 상황이 다가오자 전혀 손쓸 방도가 없었던 것이다. 어리석은 처녀들이 슬기로운 처녀들에게 기름을 나누어 달라고 사정했지만 이런 말을 들을 뿐이었다.

슬기로운 처녀들이 대답하였다.

"너희에게 기름을 나눠주면 우리도 모자라고 너희도 모자랄 거야. 차라리 가게에 가서 사다 쓰지 그러니?"

이는 어리석은 처녀들이 자신의 의식 속에 있는 것, 혹은 자신이 진동을 보내는 대상 이상의 것은 받을 수 없다는 것을 의미한다.

앞에서 해외여행을 떠난 내 제자는 자신의 의식 속에 있는 소망을 현실로 이룰 수 있을 것이라고 확신했다. 이미 그는 자신이 해외여행을 한 것처럼 믿었다. 그 믿음은 곧 현실로 나타났다. 그가 여행을 준비했다는 것은 등과 기름을 준비했다는 것을 의미한다. 현실은 마음속에 소망을 그려보는 것에서부터 시작되는 것이다.

준비의 법칙은 두 가지 방법으로 움직인다. 만일 두려워하고 있거나 원하지 않는 것에 대비한다면, 그 순간부터 당신은 그쪽으로 이끌려 가기 시작할 것이다.

다윗은 이렇게 말한 적이 있다.

"내가 두려워하는 것이 나에게 임한다."

많은 사람은 종종 병에 걸릴 것에 대비해 저축을 한다고 말한다. 그들은 자신도 모르게 병들 준비를 하고 있는 것이다.

"만일을 위해 저축을 하고 있어."

이렇게 말하는 사람에게는 가장 적절치 못한 시기에 그 만일의 사태가 반드시 찾아오게 되어 있다.

예를 들어 이런 소원의 선언문을 보자.

"나는 축적의 법칙을 원한다. 내가 쓸 것은 하나님이 제공해 줄 것이니 나는 그저 필요한 곳에 돈을 사용하면 된다. 그래도 돈은 모일 것이다."

이 선언문을 보면 절약, 저축, 혹은 질병에 대한 걱정이 숨겨져 있지 않다. 모든 것을 절대자에게 맡겨버리는, 풍족함에 대한 4차원의 느낌을 가지게 될 뿐이다.

당신은 현명하게 살 것인가, 아니면 어리석게 살 것인가를 매일매일 선택하지 않으면 안 된다. 당신을 위한 좋은 것을 준비하였는가? 당신은 믿음 속으로 큰 보폭을 내디딜 의향이 있는가? 아니면 등 기름을 준비하지 말라고 속삭이는 의심과 공포를 떠받들겠는가?

그러나 미련한 처녀들이 기름을 사러 간 사이에 신랑이 왔다. 그래서 준비한 처녀들은 신랑과 함께 결혼 잔치에 들어가고 문은 닫혔다.

그 후에 미련한 처녀들이 와서 부르짖었다.

"주님, 주님, 문을 열어 주십시오."

신랑은 대답하였다.

"내가 분명히 말하지만 나는 너희를 전혀 알지 못한다."

당신은 매일같이 의식을 점검해 보고, 당신이 무엇을 준비하고 있는지를 확인해 보도록 해야 한다. 궁핍을 두려워하여 돈에 매달리게 되면 더 지독한 가난을 부르게 된다는 것을 잊지 말자.

당신이 가지고 있는 것을 지혜롭게 사용하라. 그러면 당신에게 더 많은 것이 다가올 길을 열어놓게 되는 것이다. 나는 나의 저서 「당신의 말이 당신을 인도한다 (Your Word Your Wand)」에서 마법의 지갑에 대해 언급한 적이 있다. 아라비안나이트에는 마법의 지갑을 가진 사람에 대한 이야기가 나온다. 돈이 빠져나가면 그 즉시로 돈이 채워지는 지갑이다.

이런 선언문을 나는 만들었다.

"내가 쓸 것은 모두 하나님으로부터 제공된다. 나에게는 영혼의 마법 지갑이 있다. 절대 고갈되지 않는 지갑이다. 돈을 쓰면 바로 채워지는 지갑이다. 너무나 완벽해서 항상 돈으로 채워지는 빈틈이 없는 지갑이다."

이 선언문을 암송하다 보면 당신은 상상이라는 은행에서 돈을 인출하는 생생한 장면을 그릴 수 있게 될 것이다.

돈을 넉넉하게 가지질 못해 각종 공과금 용지를 받을 때마다 두려워하면서 저금이 줄어드는 것만 지켜보던 한 부인이 있었다. 내가 만든 선언문이 그녀에게 확신을 주었다.

"나에게는 영혼의 마법 지갑이 있다. 절대 고갈되지 않는

지갑이다. 돈을 쓰면 바로 채워지는 지갑이다."

이후 그녀는 두려움 없이 공과금을 지불했고, 그러자 예상치 못한 곳으로부터 큰 금액의 수표를 받았다고 한다.

건설이 아닌, 파괴인 것을 준비하는 유혹에 빠지지 않기 위해 '눈을 크게 뜨고 조심하고 기도' 해야 한다. 나는 장례 때에 시체를 감쌀 긴 천을 항상 간직하던 여인을 알고 있다. 그녀에게 나는 말했다.

"당신은 가족을 위협하고 있는 거예요. 당신은 그 천을 사용하기 위해 누군가 빨리 죽기를 원하고 있는 셈이잖아요."

내 말을 듣고 그녀는 그 천을 갖다 버렸다. 내가 알고 있는 또 다른 여인은 돈은 한 푼도 없으면서 두 딸을 대학에 보내기로 결정했다. 그러자 남편이 그녀를 비아냥거렸다.

"누가 등록금을 댈 거야? 나에게는 그럴 능력이 없어."

그녀는 대답했다.

"분명하지는 않지만 좋은 일이 우리에게 일어날 거예요."

그녀는 두 딸을 대학에 진학시키는 준비를 계속했다. 남편은 기가 막힌다는 듯 웃으면서 자신의 아내가 무슨 좋은 일이 일어날 것이라고 믿고 두 딸을 대학에 보내려 한다는 사실을 남들에게 알려 주었다.

그러던 어느 날 부유한 친척이 그녀에게 거금을 보내 주었다. 진실한 믿음을 가지고 있던 그녀에게 좋은 일이 일어난 것이다. 그녀에게 나는 수표를 받고 나서 남편에게 뭐라고 했는지를 물었다. 그녀는 대답했다.

"내가 옳았다는 것을 확인하기 위해 남편을 적대시 할 필요는 없잖아요."

당신은 준비된 아직 보이지 않는 좋은 일을 대비해야 한다. 당신의 모든 생각과 행동이 흔들리지 않는 믿음을 대변하도록 해야 한다. 공포 혹은 믿음 속으로 당신이 받아들이는 그 무엇이다. 당신이 오랜 시간 동안 준비해온 그 무엇이다. 따라서 우리는 현명해야 하며 등을 밝힐 기름을 준비해야 하는 것이다. 내 등은 믿음과 실천이라는 기름으로 가득 차 있다.

당신이 할 수 있다고 결심한다면, 자신에게는 꿈을 실현시킬 수 있는 능력이 있다고 믿고 행동하면, 사고방식이나 행동패턴에 변화가 일어나고 불가능하다고 여겨졌던 일들도 얼마든지 이뤄낼 수 있다.

결국 불행은 아무 이유 없이 당신의 인생에 끼어드는 것이 아니다. 당신이 불행을 생각하기 때문에, 불행을 의식하기 때문에 비참한 상황에 놓이는 것이다. 굳은 신념을 가지고 일을 한다면 두려울 것이 없다.

인생에 아무리 거대한 꿈이 있다고 해도, 불가능한 이유만 생각하면 꿈은 이룰 수 없다. 불가능한 이유만 생각하면 마음이 불안하고 의욕이 꺾이게 되기 때문이다. 따라서 할 수 있는 이유를 찾는 태도가 중요하다. 실현 불가능한 것보다는 실현 가능한 이유를 가지고 있으면 마음이 안정되고 자신감과 용기가 생기고 모든 언행에 의욕과 활기가 솟

아오른다.
 신념이란 그런 마음의 상태를 가리키며 이 신념이 바로 당신의 인생에 기적을 가져다준다.

Chapter 04

당신은 무엇을
기대하는가?

What do You Expect?

내가 예상하지 못했던 축복, 기대의 법칙을 따르라!

성공은 당신의 기대대로 이루어진다!

성공은 당신의 기대대로 이루어진다!

　믿음은 기대하는 것이다. '네 믿음대로 되리라' 라는 말을 우리는 '네 기대대로 되리라'라고 고쳐서 말할 수 있다. 그렇다면 당신은 무엇을 기대하고 있는가? 우리는 사람들이 이렇게 말하는 소리를 듣는다.
　"최악의 사태가 발생할 거야."
　"최악의 사태는 아직 오지 않았어."
　이렇게 말한다는 것은 스스로 최악의 사태를 불

러온다는 것을 의미한다. 우리는 사람들이 이렇게 말하는 소리를 듣는다.

"상황이 곧 좋아질 거야."

이렇게 말하는 사람은 자신의 삶에 보다 좋은 것을 불러 오는 것이다.

당신의 기대를 바꾸어라. 그러면 당신은 상황을 개선시킬 수 있다. 손실, 빈곤 혹은 실패를 예상하는 습관을 가진 당신은 어떻게 기대를 개선할 수 있을까?

성공, 행복과 부유함을 목전에 둔 것처럼 행동하기 시작하는 것이다. 좋은 것을 위해 준비하는 것이다. 당신이 무엇을 기대하고 있는지 가르쳐 주도록 하라. 진실된 믿음만으로도 잠재의식은 상당한 자극을 받는다.

집안 인테리어를 위해 무언가 하겠다고 말했다면 다시는 기회가 없을 것처럼 지금 당장 준비를 하라. 작은 장신구나 테이블보 따위를 수집하기 시작하는 것이다. 나는 대형 팔걸이의자를 구입함으로써 믿음의 첫발을 내디딘 한 부인을 알고 있다. 의자는 비즈니스를 의미한다.

그녀가 아주 큰 의자를 사들인 것은 좋은 남자를 위해 준비한다는 것을 암시하는 것이었고, 실제로 좋은 남자가 그녀를 찾아왔다. 장신구나 의자를 살 돈이 없다고 가정해 보자. 그런 다음 쇼윈도를 들여다보며 생각으로 물건과 돈이 없다는 가정을 연결시켜 보는 것이다.

"돈이 없기 때문에 나는 가게에 들어갈 수 없어."

이런 생각이 들면 당신은 일부러라도 그 가게에 들어가야 한다. 당신은 친해지고 싶은 사람과 친구가 되고, 가지고 싶은 것을 가지는 행동을 시작해야 한다.

반지를 가지고 싶어 하는 한 여인이 있었다. 그녀는 용감하게 금은방으로 달려가 여러 개의 반지를 손가락에 끼어 보았다. 그러다 결국 그녀는 반지를 가지고 싶은 소망을 현실로 이룰 수 있었다. 그로부터 얼마 지나지 않아 친구가 반지를 선물한 것이었다. 당신의 소망은 간절히 원하는 것을 보는 것만으로도 이룰 수 있다.

아름다운 것을 보도록 노력하라. 그럼 당신은 자신도 모르게 그것과 관련을 맺게 된다. 당신 스스로 '나 같은 가난뱅이에게 저것은 사치야'라는 말을 하지 않는 한 머지않아 당신이 두 눈으로 본 그것이 당신을 찾아오게 되어 있다.

"나의 영혼아, 말 없이 하나님만 바라보아라. 나의 희망이 그에게서 나온다."

성경 시편에 나오는 말이다. 영혼은 잠재의식이다. 자신의 잠재의식에 모든 것을 우주로부터 직접 기대하라는 요구이다. 즉, 문이나 연결고리에 의존하지 말고 '주님이 주시는 기대감'을 가지라는 것이다. 완전무결한 방법을 가지신 주님은 불가능이 없다. 생각의 통로에 제약을 두지만 않는다면 당신은 얼마든지 불가능해 보이는 것을 주님으로부터 기대할 수 있다.

당신이 바라는 목표를 어떻게, 왜 달성될 수 없는지에 대해서는 입도 뻥긋하지 말라. 모든 축복이 선하게 작용하는 장면을 생생하게 상상해 보라. 당신은 어떤 상황에서도 주인처럼 뜻을 이룰 수 있을 것이다.

  사람은 지혜가 부족해서 일에 실패하는 경우는 드물다. 사람에게는 늘 성실성이 부족하다. 성실하면 지혜가 생기지만 성실하지 못하면 있는 지혜의 눈도 흐려진다. 성공하기 위해서 오래 인내하기보다는 눈부신 노력을 하는 편이 쉽다.

  성공하는 데는 두 가지 길밖에 없다. 하나는 자신의 성실, 다른 하나는 타인의 어리석음이다.

  장래에 어떤 모습으로 살아갈 것인가에 대한 확실한 꿈과 신념을 가지고 매일 열심히 노력하는 태도는 정말 아름다운 것이다.

  당신의 꿈과 신념, 하루하루의 노력과 행동이 삼위일체가 되었을 때, 당신의 인생은 바라는 방향으로 전개된다.

  늘 생각하고 늘 행동하라. 사고와 행동이 결합되면 당신의 운명이 바뀐다. 행동이 따르지 않는 생각보다는 생각 없는 행동이 오히려 낫다.

  한 여자가 나를 찾아와 자신의 아파트에 난방이 들어오질 않아 어머니가 감기로 고생하고 있다고 하소연했다.

"집주인은 당분간 난방을 기대하지 말라고 하더군요."

내가 대답해 주었다.

"집주인은 그 사람이 아니라 주님이십니다."

그러자 그녀는 말을 던졌다.

"내가 꼭 알아야 할 것을 말씀해 주셨습니다."

급히 그녀는 돌아갔다. 그녀가 더는 불평하지 않았는데도 아파트에는 그날 저녁부터 난방이 들어오기 시작했다. 마음속으로 집주인은 바로 주님이라는 것을 확신했기에 일어난 기적이었다.

우리는 보통 사람도 기적을 기대하는 마음을 가질 수 있는 놀라운 시대에 살고 있다. 기적을 기대하는 마음은 이제 널리 퍼져 있다.

《뉴욕저널》에서 읽은 기사의 내용이다. 존 앤더슨이란 미국인은 나의 주장과 일치하는 내용의 글을 썼다. 기사의 제목은 '관객은 형이상학 연극을 좋아한다'라는 것이었다.

극장 매니저인 브록 펨버튼은 냉소하는 억양의

목소리에 나의 말을 도무지 들으려 하지 않는 사람이다.

어느 날 밤, 연극 막간에 뉴욕 시민의 취향에 정통한 비평가들과 대화를 나누던 그가 나에게 물었다.

"어떤 연극을 만들어야 하는지 말해 달란 말이야. 자네는 나에게 뉴욕 시민이 어떤 연극을 보고 싶어 하는지 왜 말해 주지 않는 거지?"

나는 대답해 주었다.

"그러고는 싶은데 자네는 내 말을 믿지 않을 사람이거든."

그러자 그가 말했다.

"자네의 태도는 모호하기 짝이 없구먼. 자네는 알지도 못하면서 아는 척을 하고 있는 거로군. 자네는 어떤 연극이 히트 칠 수 있는지에 대해서 나보다도 모르고 있는 것이 틀림없어."

내가 말했다.

"대박거리를 하나 알고 있지. 남자와 여자의 사랑 얘기이고 신비한 스토리야. 역사의 비극과 견

주어도 얼마든지 경쟁력이 있고, 또 항상 그래왔다는 말씀이야. 아무리 엉성해도 이 소재로 망한 연극은 없었어."

"쓸데없는 소리 그만하고 어떤 연극인지 말이나 해 보라고."

"형이상학인 것."

나는 큰소리로 말하고는 그의 대답을 기다렸다.

"형이상학이라…, 형이상학이라…."

펨버튼이 계속 말을 하지 않았기에 나도 입을 꼭 다물고 있었다. 내 머리 속에는 '푸른 초원', '스타 웨건', '말리치 신부의 기적' 같은 제목들이 스쳐 지나갔다.

결국 다시 내가 입을 열었다.

"비평가의 의견을 종합한 결과일세."

펨버튼은 뉴욕시 극단을 모두 뒤지면서 물었다고 한다.

"여기에 혹시 형이상학자 없나요?"

요즘 사람은 자신의 말이나 생각의 능력을 깨닫기 시작했다.

"믿음은 우리가 바라는 것에 대한 실물이며 보이지 않는 것에 대한 증거입니다."

이런 성경의 말씀을 이해하고 있는 것이다.

기대의 법칙은 미신처럼 그 효력을 발휘한다. 사다리 밑을 거닐면서 좋지 않은 일이 일어나지 않을까 걱정하면 사다리는 틀림없이 당신에게 불행을 안겨줄 것이다. 사다리는 전적으로 무죄이다. 불행은 당신이 예상했기 때문에 찾아오는 것이다.

우리는 이렇게 말할 수 있다.

"기대는 우리가 바라는 것에 대한 실물이거나 두려워하는 것에 대한 실물입니다."

"내가 예상한 것만이 나를 찾아온다."

하나님께서 당신이 좋아하는 것을 구하는 한, 너무 좋아서 진실일 수 없는 것, 너무 훌륭해서 발생할 수 없는 것, 너무 좋아서 지속될 수 없는 것이란 존재하지 않는다.

아득히 멀리 떨어져 있는 것 같은 축복을 상상해 보라. 전혀 예상치 못한 방법으로 그 축복이 다가온다는 것을 기대하라. 하나님께서는 예상치 못한 방법으로 준비하셔서 당신을 놀라게 할 것이다.

나는 예상치 못했던 거룩하고 좋은 일이 나를 향해 다가오기를 기대한다.

Chapter 05

하나님의

강한 팔

The Long Arm of God

큰 기회와 성공은 기대하고 있을 때 찾아온다.

성공의 씨앗은 말이다.

> 성공의 씨앗은 말이다.

성경 속에서 하나님의 팔은 언제나 보호해 주심을 상징한다. 성경을 쓴 사람들은 상징의 능력을 잘 알고 있었다. 그 상징은 잠재의식에 하나의 그림이 그려지게 한다. 성경을 쓴 작가들은 바위, 양떼, 목자, 과수원, 램프 등등의 상징을 사용했다.

얼마나 많은 상징이 사용되었는지 알아보는 것은 매우 흥미로운 일이다.

하나님의 팔은 강한 능력을 상징한다.

영원하신 하나님이 너의 피난처이시며 그의 영원하신 팔이 너를 붙드신다. 그가 원수를 네 앞에서 쫓아내시며 말씀하시는구나.

"그들을 멸하라."

여기에서 '네 앞의' 원수는 누구를 말하는 것일까? 바로 잠재의식 속에 당신이 스스로 구축해 놓은 부정한 사고방식이다. 즉, 당신의 원수는 당신 속에 있는 것이다. 주님의 영원하신 팔은 그러한 부정한 사고를 추방하고 파괴해 버린다.

당신은 부정한 사고에서 해방되었을 때의 편안한 마음을 경험해 본적이 있는가? 당신이 어떤 일로 분노한다는 것은 그전에 그 일을 불쾌하게 생각하고 있었다는 것을 의미한다. 당신이 알고 있는 사람들, 모르고 있는 사람들, 과거의 사람들, 현재의 사람들에게 분노한다. 미래의 사람도 당신의 분노를 피하지 못할 것이다.

육신의 모든 기관은 분노의 영향을 받는다. 따라서 분노하면 당신의 육신을 구성하는 모든 기관에 화를 내는 것이다. 부정한 사고는 피를 산성화시켜

류머티즘, 관절염, 신경통 등을 발생시킨다. 이러한 모든 고통과 고민을 하나님의 팔에 맡겨버리지 않고 당신이 스스로 싸워서 해결하려 하기 때문에 생기는 것이다.

나는 내 강의를 듣는 사람들에게 다음과 같은 선언문을 암송하도록 권한다.

"하나님의 강한 팔은 이 세상의 모든 사람, 모든 환경에 미치며, 모든 상황을 지배하여 나의 이익을 지키신다."

이 선언문을 암송하면 능력과 보호를 상징하는 강한 팔이 상상된다. 하나님의 강한 팔의 능력을 깨닫게 되면, 더 이상 저항하거나 분노할 필요없이 그저 느긋하게 그 상황이 지나가기만을 기다리면 된다. 당신 안에 숨어 있는 적은 파멸될 것이고, 따라서 당신에게 적대적인 상황은 저절로 사라질 것이다.

영적인 성장이란 마음의 평정을 유지하고, 느긋해지는 능력을 의미하며, 전지전능하신 이가 당신의 짐을 대신 지고 당신을 위해 대신 싸움에 임하는 것을 의미한다. 분노의 짐이 덜어질 때 홀가분해지는 느낌을 경험해 보라! 모든 사람에게 친절해질 것이고, 당신의 오장육부는 건강하게 작동할 것이다.

앨버트 에드워드 데이는 이렇게 말한 적이 있다. "적을 사랑하는 것이 영적 건강에 큰 도움이 된다는 것은 널리 알려지고 또 인정받고 있는 사실이다. 하지만 부정하고 사악한 감정이 육체의 건강에 치명적이란 것은 비교적 최근에 증명된 사실이다. 육체 건강은 흔히 정서적 건강과 동일시된다. 사악한 감정은 병의 잠재 원인을 즐겁게 해서 그 병이 발병하도록 도와준다.

길을 걷다가 누군가에게 원수를 사랑하라는 말을 듣는 순간에는 참을 수 없고 독성 있는 생각을 떨쳐버리기 쉽다. 그 사람의 말에는 건강의 가장 중요한 법칙과 윤리의 법칙이 동시에 들어있기 때문이다. 자신의 육체에 손상을 주면서까지 증오심을 품을 사람은 없다. 독약을 계속해서 복용하는 것과 마찬가지이기 때문이다. 두려움을 떨쳐버리라 말하는 사람을 정신 이상자로 취급하지 말고, 당신의 건강에 대해 충고해 주는 중요한 조언자로 생각해야 한다."

우리는 균형 있는 식사를 해야 한다는 말을 많이 듣는다. 균형 있는 정신을 가지고 있지 않는 한, 음식을 소화할 수 없고 따라서 적절한 칼로리도 얻을 수 없게 된다.

무저항은 하나의 예술이다. 무저항 정신을 받아들이는 순간, 세상은 당신의 것이 된다. 너무도 많은 사람들이 상황을 억지로 변화시키려 한다. 영원한 선은 결코 인간의 의지에 압력을 가해서 얻어지지 않는다.

풍부한 야채와 해조류, 생선 등 상차림에서는 그리 매력적이지 못한 재료들을 먹음직스럽게 요리하여 내놓는다.

고추장 하나만 있으면 찍어 먹을 수 있는 풋고추, 만든 이의 따뜻한 마음이 그대로 전해지는 호박죽, 두부와 호박이 둥둥 떠 있는 된장국, 어느 것 하나 비타민 C와 단백질의 보고(寶庫) 보약이 아닌 것이 없다.

  거기에다 된장찌개는 어머니의 따뜻하고 정성스런 마음까지 깃들여져 있고, 암 예방에도 효과가 있다고 하니 더할 나위 없는 음식이다.

  하루의 따뜻함이 정신적인 것에서부터 시작하듯이 편의점 음식이 아닌, 신선한 야채와 곁들인 된장국을 두세 가지의 비타민제와 영양제를 습관으로 복용하는 지금의 당신 식탁으로 불러들이자. 한 움큼의 영양제보다 한 숟갈의 된장국은 아직 덜 깬 아침의 두뇌에 활력을 주는 가장 소중한 보약이다.

  나는 아래의 글을 쓴 사람이 누구인지 모른다. 그래도 정말 좋은 글이라 생각된다.

  "당신에게서 도망치는 것으로부터 도망쳐라. 그 어느 것도 구하지 말라. 행운이 스스로 당신을 찾아온다. 당신 앞에 다가온 그림자를 지켜보라! 문 앞에 서 있는 행운을 지켜보라!"

  영국의 유명한 육상선수인 러브록은 그렇게 빨리, 오래 달릴 수 있는 비결이 무엇이냐는 질문을 받았을 때 이렇게 대답했다.

"느긋해지는 법을 배우는 것이지요."

우리는 살면서 느긋해져야 한다. 그는 가장 빨리 달릴 때 가장 느긋했었다는 것이다.

큰 기회와 큰 성공은 당신이 최소한으로 기대하고 있을 때에 찾아오는 것이 보통이다. 당신은 끌어당김의 법칙이 작동하도록 하기 위해 오랫동안 충분히 기대하지 않으면 안 된다.

걱정과 짜증의 자석에는 결코 시선을 돌리지 말아야 한다. 비약하지 않을 수 없는 걱정과 초조함은 사람을 지치게 하면서도 세상에는 조금도 관심을 두지 않는다. 우리가 바라는 것은 걱정과 초조함을 떨쳐버렸을 때에만 찾아오게 되어 있다.

나는 우편으로 내 강의를 듣는 사람을 위해 조언한다.

"당신 마음속의 소망이 병이 되지 않게 하라."

무언가를 너무 강렬하게 원하면 당신에게서 그것을 끌어당기는 자력이 사라지고 만다. 지나친 소망에는 걱정, 두려움, 번민이 수반되기 때문이다.

"그 어떤 것도 나를 움직이지 못한다."

신비스런 무관심의 법칙이란 것이 존재한다. 당신의 배는 무관심한 바다를 헤치고 항구로 들어오게 되어 있는 것이다.

내 저서인 「인생 게임을 즐기는 방법」을 들고 남동생의 집을 찾는 내 친구가 있었다. 그 집 남자들은 모조리 그 책을 읽지 않겠다고 하더란다. 멍청한 인간이나 읽는 책이라고 비아냥거리기까지 하면서.

그들 중 한 명은 택시 운전사였다. 그는 회사택시를 몰고 있었다. 어느 날 밤, 뒷좌석에 책 한 권이 떨어져 있는 것을 발견하였다. 바로 내 책인 「인생 게임을 즐기는 방법」이었다. 다음 날 아침, 그는 이모에게 이렇게 말했다.

"어젯밤 택시 안에 손님이 놓고 내린 쉰 여사의 책을 주워서 읽어보았는데 좋더군요. 마음에 새겨둘 내용이 많습니다. 쉰 여사는 왜 집필활동을 계속하지 않는 거지요?"

하나님께서는 가끔 우회적인 방법으로 기적을 베푸신다.

나는 주로 불행한 사람을 만나는 편이다. 감사하

고 만족하는 사람은 극소수이다. 어느 날 한 남자가 나에게 다가왔다.

"저는 감사할 것이 너무 많습니다. 건강하고 게다가 돈도 좀 있는 편이지요. 하지만 여전히 독신입니다."

무엇 하나 부러울 것이 없어 보이는 사람에게도 한 가지 정도는 분명 부족하다고 느끼는 것이 있다.

우리는 '영원히'라는 말을 성경이나 동화 속에서 종종 발견한다. 분명히 말하자면, 인간은 시간과 공간을 초월하는 존재이다. 페르시아의 동화 속에서 이런 진실을 찾아낼 수 있다.

알라딘과 그의 요술 램프는 말이 현실로 나타나는 장면을 묘사하고 있다. 알라딘이 램프를 문지르면서 그의 소망을 말하면 실현되는 것이다. 당신의 말이 당신의 램프이다. 말과 생각은 라디오 전파처럼 활동하기 때문에 절대로 공허하게 되돌아오는 법이 없다. 말은 빛의 옷을 입고 있다고 주장한 과학자도 있다.

내 강의를 듣는 한 여자가 몇 년째 실직 상태인

남자를 데리고 왔다. 나는 그에게 이렇게 외치라고 말해주었다.

"지금이 바로 그 순간이다. 오늘이야말로 나에게 엄청난 행운이 밀려들기 시작하는 날이다."

이 평범한 문장이 그의 잠재의식을 깨웠다. 얼마 되지 않아, 그는 연봉 9천 달러(1930년대)를 받는 직장을 얻었다.

어느 부인은 자신이 내는 헌금에 축복의 마음을 담아 보냈을 때 그 돈이 천 배로 불어나 자신에게 돌아왔다고 말해주었다. 오래 전, 그녀는 기부모금에 1달러를 헌금한 적이 있었다. 그녀는 확신에 찬 음성으로 나에게 말했다.

"헌금을 하면서 축복의 마음을 담아서 했더니, 그 1달러가 1천 달러가 되어 돌아왔지 뭐예요."

헌금한 지 얼마 되지 않아, 그녀에게 예상치 못한 곳에서 1천 달러가 주어졌다는 것이었다. 이러한 진실이 왜 어떤 사람에게는 빨리 실현되고 또 어떤 사람에게는 늦게 실현되는 것일까? 그것은 경청하는 마음의 자세를 가지고 있느냐의 차이 때문이다. 예수 그리스도는 씨앗을 뿌리는 사람과 씨앗이 땅에 떨어지는 비유를 예로 드셨듯이, 나는 이렇게 주장한다.

마음에 깨달음을 주는 말에 귀를 기울여라. 당신에게 확신을 심어주는 말에 귀를 기울여라. 그러한 말이 열매를 맺게 한다.

얼마 전 나는 단골 가게에 들러 한 종업원에게 마음에 신념을 심어주는 글이 적힌 '확신 카드'를 준 적이 있었다. 나는 카드를 주기 전에 농담삼아 이렇게 말했다.

"보아하니 당신은 내가 카드를 준다 해도 확신 카드를 사용할 것 같지 않군요. 나는 확신 카드를 낭비하고 싶지 않아요."

그러자 종업원은 내 말에 이렇게 말했다.

"한 장 줘 보세요. 저는 틀림없이 사용할 겁니다."

그 다음 주에 나는 그에게 확신 카드를 주었다. 내가 그 가게를 막 나서려는 순간에 그가 나에게 달려왔다.

"지금 확신 카드의 문장을 중얼거렸더니 금방 손님이 두 명이나 들어왔어요."

그가 만든 소원의 선언문은 이러했다.

"지금이 바로 그 순간이다. 오늘이야말로 나에게 큰돈이 들어오는 날이다."

마치 우연처럼 소원이 현실로 나타난 것이다.

너무도 많은 사람들이 과장되고 부주의하게 말을 토해내고 있다. 특히 미용실에서 나는 내 주장이 옳다는 것을 증명한다. 한 젊은 여자가 읽을 만한 잡지를 청하면서 이렇게 말하는 것이었다.

"새롭고 아주 재미있는 것으로 줘 봐요."

그녀가 원하는 것은 최신 영화 잡지였다. 당신도 사람들이 이렇게 말하는 소리를 들을 것이다.

"뭔가 무지 짜릿한 것은 없을까…."

그들은 불행해져도 상관없으니 흥분되고 재미있는 무언가를 자신의 삶 속에 끌어들이고 있는 것이다. 그러면서 그러한 일이 막상 벌어지면 그 이유에 대해 의아해한다.

나는 대학에 형이상학을 가르치는 학과가 생겨야 한다고 생각한다. 형이상학은 고대로부터 이어져 내려온 지혜이다. 오랜 세월에 걸쳐 인도, 이집트, 그리스에서 가르치던 고대의 지혜이다. 헤르메스 트리스메기스투스는 애굽의 위대한 스승이었다. 그의 가르침은 은밀하게 수천 년이란 세월에 걸쳐 전해 내려 왔다. 그는 인류의 문명이 꽃을 피우기 시작할 무렵 이집트에서 살았다. 「키바리온」이란 책을 보면 그의 가르침이 요즘의 가르침과 동일하다는 것을 알 수 있다. 그는 모든 정신 상태에는 진동이 수반된다고 말했다. 스스로 일으키는 진동대로 움직인다는 것이다. 우리 모두 성공, 행복, 풍족함에 진동을 보내도록 하자.

"지금이 바로 그 순간이다. 오늘이야말로 나에게 엄청난 행운이 밀려들기 시작하는 날이다."

Chapter 06

분기점

The Fork in the Road

두려움에 의한 행동에는 실패의 씨앗이 자라고 있다.

성공을 선택하고 이해하라!

성공을 선택하고 이해하라!

우리는 매일매일 선택을 해야만 한다. 바로 이렇게 선택을 해야 할 때, 그때가 분기점이다.

"이것을 할 것인가, 저것을 할 것인가? 떠나야 할 것인가, 아니면 머물러야 할 것인가?"

무엇을 해야 할지 모르는 사람이 너무도 많다. 다른 사람에게 자신을 위해 어떤 결정을 내려달라고 졸랐다가 나중에 그들의 충고를 받아들인 것을 후회한다.

또 신중하게 합리적으로만 생각하려는 사람이 있다. 그들은 가게에서 물건을 살 때처럼 상황을 저울질하고 분석한다. 자신의 목적을 달성하지 못했다는 사실을 깨달았을 때는 경악하게 된다. 혹은 마술 같은 직관의 길로 들어섰다가 눈 깜짝할 사이에 자신이 약속의 땅에 들어선 것을 알아채는 사람들도 있다.

직관은 이성과 합리를 초월하는 영적 능력이다. 당신이 원하는 것, 당신이 얻게 되는 모든 것이 바로 직관의 길 위에 있다.

나는 「인생 게임을 즐기는 방법」에서 직관의 놀라운 능력을 통해 성공을 거둔 사례를 소개한 적이 있다. 또한 나는 기도는 하나님에게 전화를 거는 것이며, 직관은 당신에게 하나님이 전화를 거는 것이라고 주장했다.

따라서 당신은 오늘 하루 마술 직관의 길로 들어서리라 결심해야 한다.

질의응답 과정을 통해서 직관력을 향상시키는 방법에 대해서 언급하도록 하겠다. 인간에게는 절대로 변하지 않는 능력이 하나 있다.

"잠을 자면서도 깨어 있으라. 그대의 직감과 예감을 일깨워라. 그대 안의 신성(神性)을 일깨워라."

클라우드 브래그돈은 이렇게 주장한 적이 있다.

"직관으로 산다는 것은 4차원으로 사는 것이다."

지금 당신은 결정을 내릴 필요가 있다. 당신은 분기점에 서 있는 것이다. 명확하면서도 실수가 없는 직관을 구하라. 그러면 얻게 될 것이다.

행운과 불행은 드러난 사실이 아니라, 그것을 느끼는 사람의 마음속에 있다. 마음을 긍정인 상태로 유지하려면, 첫째, 인생을 활기차게 살 수 있는 꿈을 그려야 하고, 둘째, 할 수 있다는 굳은 신념을 강화해야 하며, 셋째, 행동 능력을 높여야 한다.

이 세 가지 사항을 가슴 깊이 명심한다고 해도 인생이 반드시 순조롭게 진행되는 것은 아니다. 아무리 노력해도 좀처럼 상황이 호전되지 않거나 때로는 예상하지 못한 난관에 부딪히는 경우도 얼마든지 있다.

성경의 여호수아서에는 형이상학으로 해석할 수

있는 사건이 많이 등장한다.

"나의 종 모세는 죽었다. 이제 너는 모든 이스라엘 백성을 이끌고 요단강을 건너 내가 그들에게 주는 약속의 땅으로 들어가거라. 내가 모세에게 말한 대로 너희 발이 닿는 곳마다 그 땅을 다 너희에게 주겠다."

여기에서 발이 닿는다는 것은 이해함을 상징한다. 따라서 형이상학으로 말한다면 우리가 이해하는 모든 것이 의식 속에서 우리 밑에 자리잡고 있을 뿐만 아니라, 뿌리를 내려 절대로 우리로부터 떨어져 나갈 수 없음을 의미하는 것이다.

구약성경의 여호수아서에는 이렇게 적혀 있다.

"네가 살아 있는 한 아무도 너를 당해 내지 못할 것이다. 내가 모세와 함께하였던 것처럼 너와도 항상 함께하여 너를 떠나지 않고 버리지 않겠다. 마음을 굳게 먹고 용기를 가져라. 너는 이 백성을 인도하여 내가 너희 조상들에게 주겠다고 약속한 땅을 얻게 할 지도자이다. 너는 굳세어라. 용기를 내어라.

나의 종 모세가 너에게 준 모든 율법을 하나도 소홀히 하지 말고 정성껏 지켜라. 그러면 네가 어디로 가든지 성공할 것이다. 이 율법 책을 항상 읽고 밤낮으로 묵상하며 그 가운데 기록된 것을 하나도 빠짐없이 지켜라. 그래야 네가 잘 되고 성공할 것이다."

영적인 법칙을 준수하여 강하고 용기 있게 되는 과정을 통하여 우리는 성공을 거둔다. 여기에서 다시 선택할 필요성이 있는 분기점으로 되돌아가 보도록 하자.

지금 당신은 섬기며 살아갈 대상인 전지전능하고 신성한 안내자를 선택해야 한다.

금융계에서 큰손으로 잘 알려진 사람이 한 친구에게 말했다.

"나는 항상 직관을 따랐고, 그것이 실현되는 행운을 누려왔지."

신성스런 안내자 역할을 하는 영감처럼 인생에서 소중한 것도 없다. 사람들이 영감을 얻기 위한 진실 모임에 구름같이 몰려든다. 그때마다 나는 올바른 말이 그들의 일에 신성하게 개입하기 시작한다는 사실을 발견하곤 한다.

복잡한 여러 가지 일로 고민 중인 여성이 나를 찾아왔다. 그녀에게 나는 말했다.

"하나님께 맡겨 버리세요."

이 말이 그녀에게 깨달음을 주었다. 그녀가 긍정의 말을 하기 시작한 것이었다.

"이제부터 하나님께서 내 문제를 해결하시도록 맡겨 놓으리라."

이 말을 한 지 얼마 되지 않아 그녀는 얽힌 골칫거리 가운데 하나였던 오랫동안 비어 있던 방을 다른 사람에게 세를 줄 수 있었다.

하나님으로 하여금 모든 문제를 해결하시도록 맡겨두어야 한다. 당신 스스로 해결하려다간 오히려 상황을 악화시킬 뿐이다.

질의응답 시간에 나는 가끔 이런 질문을 받는다.

"어떻게 하는 것이 하나님께 맡겨버리는 것인가요? 내 스스로 해결해서는 안 된다는 것이 도대체 무슨 의미인지요?"

당신은 사태를 해결할 때 지성을 사용한다. 지성은 이렇게 속삭일 것이다.

"시기가 좋지 않아. 지금은 부동산 경기가 아주 좋지 않다고. 앞으로 20년 안에는 팔릴 것 같지 않아."

당신이 요구하기 전에 당신의 기도는 이미 응답된 상태이다. 시간과 공간은 신기루에 불과할 뿐, 축복은 당신의 믿음과 말에 의해 발산되기를 기다리고 있다.

지금 당신은 섬기며 살아갈 대상을 선택해야 한다. 두려움을 택할 것인가, 믿음을 택할 것인가. 두려움에 의해 잉태된 행동에는 실패의 씨앗이 자라고 있다.

하나님을 믿기 위해서는 상당한 의지와 용기를 필요로 한다. 작은 일로는 하나님께 신뢰를 보내면서도 큰일을 앞두고는 자신을 더 믿으려 한다. 그래봐야 절망과 실패뿐이다.

다음은 눈 깜짝할 사이에 자신의 상황을 전환시킨 서부에 사는 어느 부인이 보내온 편지의 내용이다.

"저는 선생님의 저서 「인생 게임을 즐기는 방법」을 아주 감명 깊게 읽은 사람입니다. 저에게는 10살, 13살, 15살, 17살 된 아들 넷이 있습니다. 내 아이들이 어린 나이에 선생님의 책을 이해하여 하나님께서 주신 신성한 권리에 의해 자신이 원하는 것을 가질 수 있다고 생각하니 그렇게 좋을 수가 없었답니다.

그 책을 나에게 빌려 준 부인께서 다른 책도 여러 권 빌려 주셨지만, 전 선생님의 책을 집어 드는 순간 나도 모르게 자석에 끌리는 듯한 느낌을 받았고, 또 그런 느낌을 억지로 물리치려 하지 않았답니다. 선생님의 책을 다 읽고 나서 저는 평생 신실하게만 살려고 노력했었지만, 하나님의 법칙, 더 발전할 수 있는 법칙을 이해하지 못했다는 사실을 깨달았습니다.

긴 세월 가정주부로 집에만 처박혀 있었던 저는 사업을 한다는 것이 엄두가 나지 않았지요. 하지만 전 곧 바로 이 말씀을 받아들였지요. '하나님께서는 길이 없는 곳에 길을 만드신다.' 정말로 하나님께서는 저를 위해 그렇게 하셨답니다.

 사람들로부터 '큰 수술을 여러 차례 받고, 집에는 아들이 네 명씩이나 있고, 게다가 가까운 친척도 없으면서 어떻게 사업을 그렇게 잘하실 수 있는지요?'라는 질문을 받을 때마다 저는 지금의 저에 대해 감사하면서 그저 웃음만 짓는답니다."

 이 부인의 편지를 읽은 후 나는 내 책에다 "하나님께서는 길이 없는 곳에 길을 만드신다"라는 문장을 써 넣었다. 친구들이 모두 불가능하다고 말렸을 때 하나님은 그녀를 위해 길을 만드신 것이다. 보통 사람들은 당신에게 거의 모든 것이 불가능하다고 말할 것이다.

 역시 나도 같은 경험을 한 적이 있었다. 어느 상점에 들어갔더니 겨우 커피 한 잔 나올까 말까한 은으로 만든 자그마한, 그러면서도 귀엽게 생긴 주전자가 보였다. 나는 앙증맞게 생겼다고 생각하면서 관심을 보이는 친구들에게 보여 주었다. 그러자 친구들은 말했다.

 "그걸로 무슨 커피를 끓여?"

"그게 내 것이라면 당장 내다버릴 거야."

하지만 그 주전자가 나는 너무나 마음에 들었다. 나는 주전자가 틀림없이 맛있는 커피를 만들어줄 것이라 믿었고, 주전자는 내 기대를 충족시켜 주었다.

"그건 안 돼."

내 친구들은 그렇게 말하는 보통 사람일 뿐이었다. 위대한 아이디어치고 반대에 부딪히지 않은 것은 하나도 없었다.

다른 사람들이 당신이 탄 배를 흔들지 않도록 하라.

지혜와 이해의 길을 따라가라. 좌로나 우로나 치우치지 말라. 그럼 어디로 가든지 모든 일이 잘 풀리고 잘될 것이다.

성경의 여호수아 24장 13절에는 놀라운 말씀이 있다.

"그리고 나서 나는 너희에게 너희가 일구지 않는 땅과 너희가 세우지 않은 성읍을 주었다. 그래서 지금 너희가 그 안에서 살고, 또 직접 가꾸지도 않은 포도밭과 올리브나무에서 열매를 따 먹게 되었다."

이 말씀은 인간은 스스로 아무것도 얻을 수 없고, 모든 것은 하나님의 축복(자랑하지 않을 때 주어지는)임을 가르쳐 준다. 건강을 이해하면 우리는 건강의 축복을 받게 된다. 성공과 부유해짐은 정신의 상태이다. 우리의 하나님께서는 우리를 양육하시고, 우리의 조상을 속박의 땅인 이집트에서 해방시키셨다.

이집트 땅은 어둠을 의미한다. 인간이 의심과 공포의 노예가 되고, 믿음을 가질 수 없어서 분기점에서 잘못된 길로 들어서는 것을 의미한다. 불행이란 영혼이 직관을 통해 나타내는 것에 신뢰를 보내지 않을 때 나타나는 것이다. 위대한 업적은 모두 자신의 위대한 아이디어에 집착한 사람에 의해 달성되어 왔다.

헨리 포드가 자동차에 관한 아이디어를 가지게 된 것은 중년의 나이가 지나서였다. 그는 사업자금을 모으는데 상당한 고초를 겪었다. 친구들은 정신 나간 것이라 생각했고, 아버지는 눈물을 흘리며 만류했다.

"헨리야, 일주일에 25달러를 받는 좋은 직장을 그만두고 어쩌자고 그 미친 사업을 하겠다고 나선단 말이야?"

하지만 헨리 포드는 조금도 물러서지 않았고, 그 유명한 포드 자동차의 사장이 되어 부와 명예를 얻을 수 있었다.

일주일에 25달러는 그에게 더는 아무것도 아니었다.

속박의 땅 이집트에서 탈출하기 위해서는 우리 모두 올바른 결정을 내리지 않으면 안 된다.

지금 서 있는 분기점에서 올바른 방향을 택하라.

"너는 굳세어라. 용기를 내어라. 나의 종 모세가 너에게 준 모든 율법을 하나도 소홀히 하지 말고 정성껏 지켜라. 그러면 네가 어디로 가든지 성공할 것이다. 이 율법 책을 항상 읽고 밤낮으로 묵상하며 그 가운데 기록된 것을 하나도 빠짐없이 지켜라. 그래야 네가 잘 되고 성공할 것이다."

오늘이라는 분기점에 마주한 우리는 두려움 없이

직관의 목소리를 따라 움직여야 한다.

성경은 직관력을 '차분하면서도 작은 목소리'라 표현한다.

"내 뒤에서 들리는 음성이 있으니, '이쪽이 길이니 너는 이 길로 가라.'"

당신에게는 걸어가야 할 바람직한 길이 이미 정해져 있는 것이다. 당신은 일구지도 않은 땅을 가질 것이고, 당신이 세우지도 않은 여러 성읍을 가지게 될 것이다. 그리고 당신은 그 땅에, 그 성읍에 자리 잡고 당신이 가꾸지도 않은 포도나무에서 포도송이를, 무화과나무에서 무화과를 따먹게 될 것이다.

Chapter 07

홍해 건너기

Crossing Your Red Sea

당신에게 나타날 기적을 지켜보라!

성공을 향해 홍해를 건너라!

성공을 향해 홍해를 건너라!

성경 전체에서 가장 극적인 장면을 꼽으라면 다름 아닌 이스라엘 백성이 홍해를 건넌 사건일 것이다. 모세는 멍에와 구속의 땅 이집트에서 백성을 해방시켜 약속의 땅으로 향하고 있었고, 이집트 군사들은 그들을 추격하고 있었다. 대개의 인간이 그런 것처럼 이스라엘 백성도 하나님을 믿으려 하지 않았다. 늘 불평과 불만만 늘어놓았다. 그들이 모세에게 말했다.

"이집트에 매장지가 없어서 당신이 우리를 이 광야로 끌어내어 죽이려 합니까? 무엇 때문에 당신이 우리를 이집트에서 끌어내어 이 꼴을 당하게 합니까? 이집트에서 우리가 당신에게 이집트 사람을 섬길 수 있도록 내버려 달라고 하지 않았습니까? 이집트 사람을 섬기는 것이 광야에서 죽는 것보다는 낫겠습니다."

그러자 모세가 대답하였다.

"여러분은 두려워하지 말고 가만히 서서 오늘 여호와께서 여러분을 구하기 위해 행하시는 일을 보십시오. 여러분이 오늘 보는 이 이집트 사람을 다시는 보지 못할 것입니다. 여호와께서 여러분을 위해 싸우실 것입니다. 그러니 여러분은 가만히 계십시오."

모세가 이스라엘 백성에게 믿음을 심어준 것이다.

이스라엘 백성은 믿음으로 무장해 광야를 거쳐 약속의 땅에 도달하기보다는 차라리 습관적으로 의심과 공포(이집트)의 노예가 되기를 선호했다. 약속의 땅에 이르기 위해서는 광활한 광야를 반드시 거치지 않으면 안 되었다. 습관의 의심과 공포가 당신을 감싸고 있다. 하지만 당신에게 앞으로 나아가라고 외치는 누군가가 반드시 있다. 즉, 당신의 인생길에도 모세가 있는 셈이다. 모세는 당신의 친구일 수도 있고, 당신의 직관일 수도 있다.

그때 여호와께서 모세에게 말씀하셨다.

"너는 어째서 나에게 부르짖느냐? 이스라엘 백성에게 앞으로 나아가라고 말하라. 그리고 너는 네 지팡이를 들고 손을 바다 위로 내밀어 물이 갈라지게 하라. 그러면 이스라엘 백성이 마른 땅을 밟고 바다를 지나갈 것이다.

내가 이집트 사람의 마음을 돌처럼 굳게 할 것이니 그들이 그 뒤를 따라 들어갈 것이다. 내가 바로와 그의 군대, 곧 그의 전차와 마병을 통해서 영광을 얻을 그 때에 이집트 사람이 내가 여호와임을 알게 될 것이다."

앞에서 이스라엘 백성을 인도하던 하나님의 천사가 그들 뒤로 가자 구름 기둥도 앞에서 뒤로 옮겨 이집트 군과 이스라엘 사람 사이에 섰는데 이것이 이집트 사람들에게는 흑암을 던져 주었고, 이스라엘 사람들에게는 빛을 비춰 주었다. 그래서 밤새도록 강한 동풍을 불게 하셔서 바닷물을 물러가게 하셨으므로 바다가 갈라져 마른 땅이 되었다.

이스라엘 백성이 좌우 물벽 사이로 마른 땅을 밟고 바다를 건너가자 이집트 군이 말과 전차를 몰고 마병들과 함께 이스라엘 사람을 추격하여 바다 가운데로 들어왔다. 새벽에 여호와께서 불·구름 기둥 가운데서 이집트 군을 내려다보시고 그들을 혼란 가운데 빠뜨리셨다. 여호와께서 그들의 전차 바퀴가 빠져 달아나게 하셔서 달리는 데 어려움을 겪게 하시자 이집트 사람들이 외쳤다.

"여기서 달아나자! 여호와가 우리를 쳐서 이스라엘 사람을 위해 싸우고 있다."

그때 여호와께서 모세에게 말씀하셨다.

"네 손을 바다 위로 내밀어 물이 이집트 사람과 그들의 마병 위에 다시 흐르게 하라."

그래서 모세가 손을 바다 위로 내밀자 새벽에 바닷물이 원상태로 되돌아왔다. 이집트 사람이 물에서 도망치려고 하였지만 여호와께서는 그들을 바다 가운데 뒤집어 엎으셨다.

성경은 우리 개개인에 대해서도 언급함을 상기하자. 성경은 당신의 광야, 당신의 홍해, 당신에게 주어진 약속의 땅에 대해서도 말하고 있다.

우리 모두에게는 약속의 땅이 존재하며 마음속의 소망이 존재한다. 이집트(부정한 사고)의 종으로 살아왔기에 그 땅이 너무 멀리 있는 것처럼 보이고 소망이 사실이라 믿기에는 나와 상관없는 일처럼 생각된다.

당신은 하나님을 믿는 것이 상당히 위험하다는 생각을 가지고 있다. 광야를 통과하는 것이 이집트의 종으로 사는 것보다 위험하다고 생각한다.

그렇다면 당신에게 주어진 약속의 땅이 정말로 존재한다는 것을 어떻게 알 수 있을까?

이성과 합리의 생각은 항상 이집트인을 지지한다. 하지만 조만간 무언가가 당신에게 외칠 것이다.

"앞으로 나가라!"

그 무언가는 상황이고, 당신은 어쩔 수 없이 그

말에 끌리게 될 것이다.

　예전에 내 강의를 들었던 여자의 사례를 들어본다. 그녀는 매우 훌륭한 피아니스트로서 외국에서 상당한 성공을 거두었다. 그녀는 자신에 대한 외국 신문들의 기사를 스크랩한 것을 가지고 귀국했다. 한 친척 아주머니가 그녀에게 관심을 보이면서 콘서트 투어를 재정 지원하겠다고 나섰다.

　그들은 금전 출납과 예약을 책임질 매니저를 뽑았다. 한두 번의 콘서트도 잘 마쳤다. 그런데 그들에게는 남아 있는 돈이 한 푼도 없었다. 매니저가 수익금을 몽땅 빼돌리고는 잠적한 것이다.

　그녀는 하루하루를 절망 속에서 살았다. 그녀는 자신의 운명을 절망으로 바꾸어 놓은 매니저 때문에 모든 남자를 증오했다. 수중에 돈이 거의 없었다. 그녀는 온기도 없는 추운 방에서 연습조차 제대로 할 수 없었다. 그녀야말로 증오, 분노, 궁핍과 속박의 상징인 이집트의 노예 상태로 있었던 것이다. 누군가가 그녀를 나에게 데려왔고, 그녀는 자신의 얘기를 나에게 들려주었다. 그녀에게 나는 말했다.

"당신은 우선 남자에 대한 증오심을 버려야만 합니다. 남자를 진심으로 용서하게 되었을 때, 다시 성공은 당신을 찾아올 것입니다. 용서하는 데 있어서 앞장설 사람은 바로 당신입니다."

나의 조언은 정말 받아들이기 힘든 것이었지만 그녀는 노력했고, 내 강좌에도 정기적으로 참석했다. 한편 그녀의 친척 아주머니는 사기당한 돈을 되찾기 위해 법원에 고소를 했다. 세월이 많이 흘러도 재판은 이루어지지 않았다.

그 후 그녀는 캘리포니아로 이사를 가게 되었다. 예전의 상황에 더는 얽매이지 않게 된 그녀는 매니저를 용서하게 되었다.

4년의 세월이 지난 어느 날, 그녀는 느닷없이 곧 재판이 열린다는 통보를 받았다. 뉴욕으로 돌아온 그녀는 나를 찾아와 선과 정의에 관해 말을 해달라고 부탁했다.

그리고 정해진 날에 법원에 간 그들은 돈을 빼돌린 그 매니저로부터 다달이 돈을 되돌려 받을 수 있다는 판결을 받았다. 나를 찾아온 그녀는 기쁨에 겨워 말했다.

"저는 그 사람에게 전혀 증오심을 보이지 않았어요. 오히려 내가 진심으로 반가워하자 그 사람이 당황해 하던 걸요."

그녀의 친척 아주머니는 찾게 된 돈을 그녀에게 주겠다고 했다. 이제 그녀는 경제적인 여유뿐만 아니라 정신적인 여유마저도 가지게 되었다.

머지않아 그녀는 약속의 땅에 도달하게 될 것이었다. 구속의 집(증오와 분노)을 빠져나와 홍해를 건넜기 때문이다. 자신을 괴롭힌 사람에 대한 호의는 결국 바닷물을 둘로 갈라지게 했고, 그래서 마른 땅을 걸어서 바다를 건넌 것이다. 마른 땅은 당신의 발을 받쳐주는 든든한 무언가를 상징하고, 발은 이해를 상징한다.

모세는 성경에 등장하는 인물 가운데 가장 위대한 사람 중 하나이다. 백성을 이끌고 이집트 땅을 벗어나라는 명령이 여호와로부터 모세에게 떨어졌다. 이집트에서 노예로서 이용가치가 높았던 이스라엘 백성을 바로가 순순히 가게 놓아줄 가능성이 아주 없었을 뿐만 아니라, 감독관들의 가혹한 학대로 삶의 의욕마저 빼앗긴 이스라엘 백성이 이집트를 상대로 반란을 일으킬 위험성도 있었다.

초인의 능력을 가지지 않으면 해결할 수 없는 상황에서 모세는 자기희생의 정신과 확신의 용기를 동시에 가졌다. 자기희생! 모세는 가장 겸손한 사람이었다. 그는 하나님의 명령에는 한없이 겸손했지만 한편으로는 가장 강한 사람이기도 했다.

그때 여호와께서 모세에게 말씀하셨다.

"너는 어째서 나에게 부르짖느냐? 이스라엘 백성에게 앞으로 나아가라고 말하라. 너는 네 지팡이를 들고 손을 바다 위로 내밀어 물이 갈라지게 하라. 그러면 이스라엘 백성이 마른 땅을 밟고 바다를 지나갈 것이다."

하나님의 말씀을 전혀 의심하지 않았던 모세는 이스라엘 백성들에게 외쳤다.

"전진하라!"

자신들이 물에 빠져 죽지 않으리라는 완벽한 믿

음이 있었기에 내릴 수 있었던 명령이었다. 당신에게 다가올 기적을 지켜보라!

그래서 밤새도록 강한 동풍을 불게 하셔서 바닷물을 물러가게 하셨으므로 바다가 갈라져 마른 땅이 되었다.

다른 사람의 삶과 인생관, 가치관을 존중하고 기쁨을 주면 많은 사람들로부터 호감을 얻고, 그 보답으로 그 사람들이 당신에게 필요한 돈을 빌려주는 것이다. 돈이란 사람과 사람의 관계와 가치의 표현에 불과하다. 돈을 좇으면 사람을 놓친다. 그 사람을 위하며 따르면 돈이 당신을 따르고, 만에 하나 돈이 없다 해도 사람들이 당신을 보살펴 줄 것이므로 잃을 것이 없다.

다른 사람을 존중하고 기쁨을 주는 태도야말로 당신의 꿈을 달성하고 삶의 보람을 창조하는 데에 빼놓을 수 없는 요소다.

다른 사람에게 기쁨을 안겨주려면 그 사람을 존경해야 한다. 동시에 사랑을 베풀어야 한다. 이것만 지킨다면 사람들은 당신을 그냥 내버려두지 않을 것이다. 사람들이 당신을 돕기 위해 달려들 것이기 때문이다.

자, 이제 이러한 기적이 매일매일 당신에게도 벌어질 수 있음을 기억하라. 당신의 문제는 무엇인가? 어쩌면 당신은 바로(의심, 두려움, 실망)의 노예 상태에서 벗어나고픈 의욕을 잃었을지도 모른다.

이제 당신 자신을 향해 외쳐라.

"앞으로 전진!"

우리는 강력한 긍정의 말을 하나님이 일으키신 샛바람이라 생각할 수 있다.

절대 진리의 선언을 택하라. 재정 문제를 가지고 있다면 이렇게 말해 보라.

"내가 쓸 것이, 엄청난 재정의 축복이 주님으로부터 완벽하게 나에게 임할 것이다."

이러한 선언은 신비로운 요소를 내포하고 있어 좋은 방향으로 움직인다.

하나님은 기적을 행하실 때와 마찬가지로 신비스런 방법으로 일하신다. 따라서 우리는 얼마든지 놀라운 말을 선언할 수 있는 것이다. 자, 이제 당신에게 필요한 것을 위해 긍정의 말을 토하라. 강한 동풍이 일도록 하는 동력은 바로 당신 자신이다.

궁핍과 제약이라는 홍해로 다가서라. 홍해로 다가서는 것은 두려움이 없음을 나타내는 행동을 하는 것이다.

친구로부터 고급 휴양지에 초대를 받았던 내 친구의 이야기다. 그녀는 오랫동안 시골에 살면서, 생활고 때문에 사계절 걸스카우트 복장만 하고 다니는 생활을 하고 있었다.

그런 그녀가 예상치 못한 초대를 받은 것이다. 의상, 신발, 액세서리 등 걱정되는 것이 한두 가지가 아니었지만 그러한 것을 장만할 돈도 없었다. 그녀가 나를 찾아왔다. 그녀에게 나는 물었다.

"어떤 예감 같은 것이 들지 않나?"

그녀가 대답했다.

"두려움은 전혀 없어. 그곳에 가야 한다는 느낌만 들어."

그녀는 무리를 해서 여행준비를 끝낸 후 여행을

떠났다. 결국 그녀는 친구의 휴양지에 도착했다. 집주인은 진심으로 반갑게 환영해 주었지만 동시에 당혹감도 그 얼굴에 서려 있었다.

"기분 나쁘게는 생각하지 마라. 네가 묵을 방에 내가 한 번도 사용하지 않은 잠옷과 슬리퍼가 있거든. 그걸 사용해도 괜찮아!"

내 친구는 기꺼이 그렇게 하겠다고 했다. 모든 것이 그녀의 몸에 잘 맞았다. 그녀는 현실로 홍해를 접근하여 바다를 마른 땅처럼 건넌 것이다.

내 홍해의 물은 둘로 갈라지고, 나는 마른 땅을 걸어서 건넌다. 이제 나는 약속의 땅으로 전진하는 것이다.

Chapter 08

파수꾼

The Watchman at the Gate

도망치려 해도 벗어날 수 없는
부정한 사고로부터 해방되라

어려운 상황에 흔들리지 마라

> 어려운 상황에 흔들리지 마라!

우리는 생각의 문에 파수꾼을 세우지 않으면 안 된다. 파수꾼은 초월의식이다. 우리에게는 사고(思考)를 선택할 능력이 있다.

지난 수천 년간 무수히 많은 현실의 경쟁 속에서 살아온 우리들이 생각을 컨트롤 한다는 것이 불가능한 것처럼 느껴진다. 게다가 생각은 소 떼나 양 떼처럼 우리의 생각 속으로 달려들어 온다. 하지만 단 한 마리의 양치기 개는 겁먹은 양 떼를 컨트롤

할 수 있을 뿐만 아니라 우리로 끌어들인다.

 나는 단 한 마리의 양치기 개가 양 떼를 컨트롤하는 장면을 뉴스로 본적이 있다. 양 떼는 거의 다 개의 지시를 잘 따르지만 세 마리가 문제였다. 녀석들은 반항하면서 화가 나는지 씩씩거렸다. 심지어 앞발을 들어 위협도 가했다.

 개는 녀석들 앞에 앉아서도 녀석들에게 눈을 떼지 않았다. 짖거나 위협도 하지 않았다. 그저 말썽을 부리는 녀석들 앞에 앉아서 확고한 시선으로 바라만 볼 뿐이었다. 결국 양들은 머리를 돌려 자신의 우리로 돌아가고 말았다.

 우리 인간도 동일한 방법으로 억지로가 아닌 자연스러우면서도 확고하게 사고를 컨트롤하는 방법을 배울 수 있다. 생각이 미친 듯이 날뛸 때 우리는 긍정 선언문을 만들어 계속 반복해야 한다.

 언제나 우리의 사고를 컨트롤 할 수 있는 것은 아니지만 입에서 나오는 말은 컨트롤 할 수 있다. 선언문의 반복은 잠재의식에 영향을 주고, 따라서 우리는 상황을 컨트롤 할 수 있는 주인이 되는 것이다.

성경의 예레미야 6장에는 이렇게 적혀 있다.

그때 내가 파수꾼을 세워 너희에게 그들이 부는 나팔소리의 경고를 들으라고 했으나 너희는 이렇게 대답하였다.

"우리가 듣지 않겠습니다."

당신의 성공과 행복은 생각을 감시하는 파수꾼에게 달려 있다. 파수꾼을 세우면 당신은 조만간 그 결과가 현실로 구체화되는 것을 알게 된다. 사람들은 부정한 상황에서 도망을 치면 사고에서 벗어날 수 있을 것이라 생각한다. 하지만 어디로 도망을 가든 똑같은 상황이 계속해서 일어날 것이다.

인간은 교훈을 통해 깨닫게 될 때까지 동일한 상황에서 벗어나지 못한다. 이러한 사실은 「오즈의 마법사」라는 이야기에도 묘사되어 있다.

어린 소녀 도로시는 매우 슬펐다. 마을의 심술궂은 부인이 그녀의 개 토토를 빼앗아 없애려 하기 때문이었다. 절망감에 사로잡힌 도로시는 하소연하기 위해 엠 아줌마와 헨리 아저씨를 찾아가지만,

그들은 너무나 분주하여 그녀의 말을 들어줄 여유가 없고, 그저 그녀에게 토토를 다른 곳으로 도망가게 하라는 말을 할 뿐이었다. 도로시는 토토에게 말했다.

"하늘 위에는 모든 사람이 행복하고 심술궂은 사람이 하나도 없는 아름다운 곳이 있단다."

하지만 무슨 수로 그 아름다운 곳에 갈 수 있단 말인가!

그때 대폭풍이 휘몰아쳐 도로시와 토토를 하늘 위로 끌고 올라갔다. 그렇게 오즈의 나라로 날아가게 되었다. 처음에는 모든 것이 재미있고 신기했지만 점차 땅에 있을 때와 동일한 경험을 하고 있다는 것을 알게 되었다.

마을의 심술궂은 아줌마가 무서운 마녀로 변해 여전히 토토를 빼앗아 가려 했다. 도로시는 캔자스 고향으로 되돌아가고 싶었다. 그러기 위해서는 오즈의 마법사를 찾아가야만 했다. 그 마법사는 못하는 것이 없어서 그녀의 소원을 해결해 줄 수 있었다.

그녀는 에메랄드 시티에 있는 마법사의 궁전을 찾

아 떠났다. 그리고 여행길에서 허수아비를 만났다. 그는 두뇌가 없어서 매우 불행하다고 하소연했다. 그녀는 양철나무꾼도 만났다. 그는 심장이 없어서 불행하다고 했다. 얼마 후 사자도 만났다. 사자 역시도 자신은 용기가 없어서 불행하다고 했다. 도로시는 그들에게 희망을 주는 말을 했다.

"오즈의 마법사를 찾아가면 우리의 소원이 모두 이루어질 거야."

허수아비의 두뇌, 양철나무꾼의 심장, 사자는 용기를 가질 수 있을 것이라는 희망을 가지고 떠났다. 하지만 그들에게는 끔찍한 경험이 기다리고 있었다. 못된 마녀가 도로시로부터 토토와 그녀를 지켜주는 루비 슬리퍼를 빼앗기 위해 악랄한 짓을 가리지 않고 하기 때문이었다.

마침내 그들은 오즈의 마법사가 살고 있는 에메랄드 시티에 도착했다. 사람들에게 마법사가 사는 곳을 물어보았다. 하지만 궁전에서 은밀하게 살고 있는 오즈의 마법사를 본 사람은 하나도 없었다.

그러나 그들은 북에서 온 좋은 마법사 덕분에 궁

전에 들어갔다. 막상 마법사를 만난 도로시는 오즈의 마법사가 캔자스 고향마을에서 가짜 마법사로 악명 높은 바로 그 사람이라는 사실을 알게 되었다. 자신들의 소망이 이루어질 수 없다는 사실에 그들은 절망했다.

하지만 북에서 온 좋은 마법사는 그들에게 그들의 소원이 이미 다 이루어졌음을 가르쳐 주었다. 허수아비는 오즈의 마법사를 찾아오는 과정의 경험 속에서 자신이 해야 할 것을 결정함으로서 두뇌를 계발할 수 있었고, 양철나무꾼은 도로시를 사랑하게 됨으로써 심장을 가질 수 있었고, 사자는 수많은 난관을 헤치는 과정을 통해 이미 용기를 가질 수 있었기 때문이었다. 북에서 온 좋은 마법사가 도로시에게 물었다.

"경험을 통해 무엇을 배웠지?"

도로시가 대답했다.

"내 마음속에 소망이 바로 내 집과 마당에 있다는 것을 배웠어요."

그러자 좋은 마법사가 지팡이를 흔들었고, 도로

시는 자신의 집에 와 있다는 것을 알게 되었다. 잠에서 깨어난 그녀는 허수아비, 양철나무꾼, 사자가 자신의 아저씨 농장에서 일하는 사람이란 것을 알게 되었다. 그들은 도로시를 보고 기뻐한다. 이 이야기는 당신이 문제로부터 도망치는 한, 그 문제가 당신을 끝까지 쫓아간다는 것을 암시하고 있다.

자신이 처한 상황에서 조금도 흔들리지 말라. 그러면 상황은 제풀에 해결될 것이다. 무관심이란 신비한 법칙이 있다.

"그 어떤 일도 나를 방해하지 못해."

"그 어떤 것도 나를 흔들리게 할 수 없어."

당신이 흔들리지 않으면, 모든 방해물은 점차 그 자취를 감추게 된다.

"네 눈이 스승을 찾는 순간, 그 스승은 사라지고 만다."

"나는 끊임없이 그들에게 파수꾼을 보내어 알려주었다. 너희가 나팔 소리를 듣거든 정신을 차리고 내가 전하는 말을 들어라."

나팔은 고대에 승리나 지령 등의 중요한 일을 백

성에게 알리기 위해 사용된 악기이다. 파수꾼의 중요성을 깨달으면 당신은 모든 생각과 말에 신중을 기하는 습관을 가지게 될 것이다. 정신의 가위 역할을 하는 상상력은 쉬지 않고 각종 이벤트를 종이에서 오려내어 정말로 당신의 삶 속에 나타나도록 한다.

많은 사람이 무서운 그림을 골라 오려내고 있다. 딴 마음을 품지 않은 사람의 눈에는 진리만이 보일 뿐이다. 그 사람은 불행을 통해서도 좋은 것이 오도록 한다. 그 사람은 불의를 정의로 변화시키며, 적에게 호의로 반응해 적을 무너뜨리게 하는 것이다.

그리스 신화를 보면 시실리라는 섬에 이마 정중앙에 달랑 눈이 하나만 붙어 있는 사이클롭스라는 거인들이 살았다고 한다. 상상의 능력은 미간(눈썹과 눈썹 사이)에서 나온다는 말이 있다. 사이클롭스라는 거인은 바로 이러한 생각에서 만들어진 것이다. 사이클롭스 거인이 단 하나의 눈을 가지고 있던 것처럼 우리도 단 하나의 마음의 눈을 가지고 있다면 우리는 정신의 거인이 될 수 있다.

우리의 모든 생각은 건설적인 생각이 될 것이고, 입에서 튀어나오는 모든 말은 능력의 말이 될 것이다. 마음의 눈을 마음의 문을 지키는 파수꾼으로 여겨라.

"만약 그대의 눈이 외눈이라면, 그대의 몸은 영감으로 가득 차게 되리라."

만약 당신이 외눈(내면적)을 가지고 있다면 당신의 육체는 신의 형상(상상)으로 만들어진 영적인 몸으로 변화될 것이다.

평화와 풍족함, 온정으로 가득 찬 세상을 볼 수 있는 내면의 눈으로 앞날의 계획을 선명하게 간파하는 것만으로도 우리는 세상을 구할 수 있다.

"겉으로 드러난 것에 의해서가 아닌, 올바른 의견에 의한 판단을 가져야 한다."

"나라는 다른 나라에 칼을 들지 않을 것이고, 더는 전쟁을 원하지 않을 것이다."

무관심의 신비한 법칙은 당신이 불행의 겉모습에 고통을 받지 않음을 의미한다. 당신이 끈질기게 건설적인 사고에 매달리면 당신은 결국 승리를 거두게 될 것이다.

영적 법칙은 숙명의 법칙을 초월한다. 환자를 치료하는 심리 치료사는 반드시 영적 법칙을 가지지 않으면 안 된다.

궁핍, 상실 혹은 질병의 겉모습에 대한 무관심은 정신, 육체, 일에 변화가 일어나도록 한다.

예레미야 31장을 보자. 인용문의 핵심적인 단어는 기쁨이다. 기쁨은 우리를 부정한 사고로부터 해방시키는 장면을 상상하게 한다.

에브라임 산에서 파수꾼이 이렇게 외칠 날이 올 것이다.

"자, 시온으로 올라가서 우리 하나님 여호와께 나아가자!"

파수꾼은 졸지도 않으며 자지도 않는다. 파수꾼은 '이스라엘을 지키는 눈'이다.

그러나 부정적인 사고에 갇혀 살고 있는 사람은 이러한 내면의 눈을 알지 못한다. 그러한 사람도 간혹 순간의 직관력 혹은 깨달음을 얻기는 하지만, 곧바로 혼돈의 세상으로 되돌아가는 것이 보통이다.

파수꾼이란 내면의 눈은 굳은 결의와 불변의 불침번으로 우리의 모든 말과 생각을 확인한다.

이 문장을 암송하도록 하라.

"하늘에 계신 내 아버지께서 심지 않으신 모든 나무는 뿌리째 뽑히고 말 것이다."

이 문장은 정원에서 잡초를 뽑아내는 장면을 상상하게 한다. 뿌리째 뽑혀 버려진 잡초는 자양분을 제공할 흙이 붙어 있지 않기에 말라 죽게 된다.

마찬가지로 부정한 사고에 갇혀 살고 있는 사람은 이러한 내면의 눈을 알지 못한다. 당신이 부정한 생각에 관심을 기울인다는 것은 부정한 생각에 자양분을 제공하고 있다는 의미이다.

무관심이란 신비스런 법칙을 사용하라. 부정한 생각에 전혀 관심을 기울이지 말라. 머지않아 당신은 모든 적군을 굶겨 죽이게 될 것이다. 하나님이 주신 생각이 당신의 의식 속으로 밀려들면, 당신을 기만하는 생각들이 물러날 것이고, 당신은 하나님이 당신을 통해 이루고자 하는 것만 소망하게 될 것이다.

중국에 이런 속담이 있다.

"영리한 사람은 자기 옷 짓는 것을 바느질집에 맡긴다."

그러나 부정적인 사고에 갇혀 살고 있는 사람은 이러한 내면의 눈을 알지 못한다.

당신의 삶의 계획을 하늘 위에서 계획하시는 분께 맡겨라. 그러면 당신은 영원토록 완벽한 상황만 마주하게 될 것이다. 당신이 발을 디디고 서 있는 곳은 거룩한 땅이다. 당신은 이제 모든 상황이 영원토록 완벽할 수밖에 없는 거룩한 삶의 계획 속으로 빠르게 빨려 들어간다.

당신은 항상 부정적인 말만 사용하고 있지는 않은가? 만약 마음에 짚이는 점이 있다면 오늘부터 당장 개선할 수 있게 노력하라. 물론 말은 쉽고 행동은 어렵다. 하루아침에 잘 될 리는 없다. 무수한 저항감을 느낄 수도 있다. 사고방식이나 행동까지 바꾸지 않는다 해도 말투는 얼마든지 바꿀 수 있다. 긍정의 말투가 습관이 되면 사고방식이나 행동도 자연스럽게 바뀔 것이다.

 성공하는 사람들의 생각과 실행법칙, 당신의 말은 사고방식이나 행동과 같은 수준의 가치를 가지고 있다. 사고방식에 근거하여 행동하는 것도 중요하지만, 말은 그 이상으로 중요하다. 말에는 당신의 인생을 180도 바꿀 수 있는 힘이 깃들여 있다.

Chapter 09

부유해짐의 법칙

The Way of Abundance

가질 수 없다면 과감하게 버려라!

부유해짐의 법칙은 일방통행의 길이다

부유해짐의 법칙은 일방통행의 길이다!

부유해짐의 법칙은 일방통행의 길이다. 부유해짐의 법칙은 양 방향의 길이 아니다. 빈곤을 향해 가든가, 아니면 부유함을 위해 갈 뿐이다. 부유한 의식을 가진 사람과 빈곤한 의식을 가진 사람은 다른 길을 가게 된다.

하나님은 이 세상의 모든 사람들이 쓸 것을 넉넉하게 준비하고 계획해 놓으셨다. 따라서 부유한 사람은 하늘로부터의 공급을 마음껏 누릴 수 있다. 부유한 생각이 풍부한 환경을 만들기 때문이다.
 먼저 당신의 생각을 바꾸어라. 그러면 눈 깜짝할 사이에 당신의 모든 상황은 변할 것이다. 당신의 세상은 구체적 아이디어요, 구체적 말의 세상이다. 조만간 당신은 말과 생각의 열매를 먹게 될 것이다.
 말은 소용돌이 모양으로 움직이면서 적절한 시기에 되돌아와 모든 인간의 삶에 뛰어든 실체이자 힘이다. 항상 부족함과 한계에 대해 말하는 사람은 결국 그 열매를 먹게 된다. 당신의 삶을 비관해서는 결코 부유함의 왕국에 들어설 수 없다.
 결코 나는 잘살 수 없을 것이란 생각에 사로잡힌 한 여자를 알고 있다. 그녀는 새 옷을 사기보다는 헌옷을 수선해서 입었다. 자신이 가지고 있는 현금 액수에 항상 신경을 쓰면서 남편에게 돈을 낭비하지 말라고 잔소리를 해댔다. 이런 말을 그녀는 입에 달고 다녔다.
 "내 형편에 어울리지 않는 것은 사고 싶지 않아요."
 여유가 없었던 그녀는 많은 것을 가지려 하지 않았다.

갑자기 그녀에게 문제가 생기고 말았다. 그녀의 잔소리와 꽉 막힌 사고방식에 질린 남편이 그녀 곁을 떠나고 만 것이다. 절망하고 있던 그녀는 어느 날 우연히 형이상학에 관한 책을 접하게 되었다. 그 책은 사고와 말의 능력을 설명한 책이었다. 그녀는 자신의 잘못된 생각으로 인해 불행이 자신의 삶 속에 초래했다는 것을 깨달았다. 자신의 실수를 깨닫게 된 그녀는 바로 그 점을 이용하기로 결심했다. 즉, 부유해짐의 법칙을 증명하기로 한 것이다. 그녀는 자신에게 공급될 축복에 대한 믿음을 보여 주기 위해 가진 돈을 두려움 없이 사용했다. 그녀는 자신에게 임할 번성의 근원인 하나님을 믿었다.

넉넉하지 못하다는 말도 하지 않았고 할 수 없다는 부정적인 생각도 하지 않았다. 항상 그녀는 축복을 받는 느낌을 가졌고 번성을 추구했다. 친구들이 쉽게 알아보지 못할 정도로 표정도 변했다. 부유해지는 길을 향해 발을 내디딘 것이다. 그러자 한 번도 만져보지 못했던 거액이 들어오기 시작했다. 그녀가 알지 못했던 문이 열린 것이다. 그녀는 전혀 경험이 없던 분야에서 상당한 성공을 거둘 수 있었다. 기적을 체험하게 된 것이다.

그녀에게 어떤 일이 있었던 것일까?

그녀는 자신의 말과 생각을 확 바꾸었다. 자신의 확신과 일에 하나님을 모셔 들였다. 아슬아슬한 위기가 수없이 찾아왔지만 그녀에게 필요한 것은 항상 찾아왔다. 막다른 골목에 몰리게 되어도 망설임 없이 하나님께 감사의 뜻을 표현했기 때문이었다.

찬양과 감사는 축복의 문이 열리게 하고, 항상 기대가 이루어지게 한다. 물론 부유해짐의 법칙은 사람을 가리지 않기 때문에, 부유한 사고를 가졌지만 정직하지 못한 사람도 부유해짐을 끌어당길 수 있다.

그러나 셰익스피어의 말처럼 결국 사라져버릴 뿐 더러 행복을 불러오지도 않는다.

"부정한 수단으로 얻은 것은 결코 성공으로 이어지지 않는다."

신문을 보면 정직하지 못한 사람의 종말을 쉽게 접할 수 있다. 따라서 당신의 요구를 우주 공급의 원칙에 맞추어야 하고, 당신이 원하는 것이 하나님의 뜻에 따라 가장 좋은 방법으로 이루어지기를 기도해야 할 필요가 있는 것이다.

행운을 품에 안고서도 그것을 붙들어 두지 못하는 사람도 있다. 이런 사람은 마음의 시선을 딴 곳으로 돌리는 바람에, 두려움과 근심 걱정 때문에 행운을 잃어버린다.

언젠가 내 강의에서 질의응답 시간에 한 사람이 자신의 이야기를 들려주었다. 자신이 사는 곳에는 주로 빈곤층인 사람들이 살고 있는데 어느 날 그 지역에서 석유가 발견되었다는 것이다.

물론 그들은 갑자기 부자가 되었다. 그의 아버지는 컨트리클럽에 가입을 하고 골프를 치러 다녔다. 아버지가 나이를 잊고 지나치게 운동을 많이 하는 바람에 그만 쓰러지고 말았다. 가정에 공포가 밀려들었다. 심장에 이상이 있다고 진단을 받은 아버지는 병석에 드러누웠고, 아버지를 돌보기 위한 간호사를 채용하였다.

무언가에 쫓기는 생각에 사로잡힌 사람은 항상 모

든 일을 걱정하는 습관을 가지고 있다. 돈에 대해 더는 걱정하지 않게 된 그의 아버지는 그 방향이 건강으로 바뀐 것이다.

이런 말이 있다.

"모든 것을 가질 수는 없다."

하나를 얻으면 대신 다른 것을 잃게 된다는 의미이다. 사람들은 이런 말을 입에 달고 다닌다.

"행운은 지속되지 않는다."

"너무 좋아서 사실로 믿어지지 않는다."

초월의식 속에서는 모든 요구가 충분히 채워지고, 당신의 행복은 가장 좋은 방향으로 영원히 지속된다.

"겸손히 하나님을 향해 돌아서게. 자네 집안에서 악을 모조리 몰아내게나. 자네가 소중히 여기는 금을 먼지 구덩이에 던져 버리게. 오빌의 황금까지도 강가의 돌 틈에 내던지게. 주님은 너의 방패이시오, 너의 곳간은 은으로 넘쳐 나리라."

얼마나 멋진 풍요로운 그림인가? '주님으로 회귀'가 이런 결과를 낳게 되는 것이다. 오랫동안 좁은 사고방식을 가졌던 보통 사람이 풍요로운 의식을 가진다는 것은 매우 어렵다.

나는 이 문장을 입에 달고 다녀 엄청난 성공을 거둔 사람을 알고 있다.

"나는 주님의 딸이다! 나의 부유한 아버지가 부유함을 나에게 쏟아 부어 주신다. 나는 주님의 딸이다! 모든 것이 나를 위해 준비되어 있다."

많은 사람이 너무나 게을러서(정신적으로) 그 상황에서 빠져나올 생각은 하지 않고 제약된 상황을 참고 견뎌내고 있다. 당신은 재정의 자유에 대한 열렬한 갈망을 지니고 있어야 한다. 당신이 부자라는 느낌을 지니고 있어야 한다. 당신은 자신이 부자라는 사실을 확인해야 하며, 부자가 되기 위한 준비를 계속해야 한다. 어린 아이처럼 순수한 마음을 가지고 당신 자신이 부자라고 믿어라. 기대로 의식을 가득 채워라. 정신의 가위 역할을 하는 상상력은 쉬지 않고 각종 이벤트를 종이에서 오려내어 정말로 당신의 삶 속에서 나타나도록 하는 일종의 공장이다.

초월의식은 영감, 계시, 깨달음, 직관의 세상이

다. 직관은 보통 육감으로 알려져 있다. 나는 '육감'이란 단어를 탐탁하게 생각하지 않는다. 육감이란 단어는 웹스터 사전에도 수록되어 있다. '육감'이란 단어가 있을 것 같은 사전을 뒤져보니 과연 그 단어가 있었다. 초월의식은 완벽한 아이디어의 영역이다. 역사상 위대한 천재는 한결같이 생각을 초월의식에서 가져왔다.

"환상(영감)을 가지지 않는 백성은 멸망하리라."
 자신의 좋은 상상할 능력을 잃은 사람은 멸망(혹은 추락)하게 될 것이다.

 욥기 22장을 보자.

"하나님은 하늘에 계시지 않는가? 하늘의 별들이 얼마나 높은지 보아라."

"네가 만일 전능하신 분에게 돌아가고 또 네 집에서 악을 제거하면 네가 다시 일어설 것이다."

"너는 돈에 대한 욕심을 버리고 네 금을 던져 버려라. 그러면 바로 전능하신 그가 너에게 금이 되고 귀한 은이 될 것이다."

 이 말씀은 겉으로 드러나는 것에 의존하여 부를

기대하기 보다는, 눈에 보이는 것을 차라리 던져버리고 전능하신 하나님께 금, 은, 부를 전적으로 기대하는 것이 현명하다고 말해준다.

부와 성공을 이룬 사람들은 공통점이 있다. 놀랍게도 이들은 모두 실패와 역경을 헤치고 지금의 행운과 성공을 누렸다는 것이다. 아마도 부자들이 감추고 싶어 하는 마지막 부와 성공의 나침반은 바로 실패와 역경을 헤치고 나올 수 있도록 도와준 그들의 긍정적인 마음가짐이었을 것이다. 인생 도처에 산재한 실패란, 자신이 받아들이기에 따라서 그 장막이 걷히며 도약의 발판이 되는 것이다. 행운과 불행이 교차하는 운명의 파도에 어떻게 휩쓸렸건, 패배란 보는 관점에 의해 그 의미를 드러낼 뿐이다. 긍정적인 마음가짐으로 일관하는 사람은 결코 패배를 인정하지 않는다.

다음은 내 친구가 들려준 이야기다.

한 신부가 많은 고아를 거두어 먹이는 프랑스의 한 수녀원을 방문했다. 그 곳의 수녀들은 돈이 다 떨어져 절망에 빠져 있었다. 수녀 중 한 분이 이

신부에게 은화 한 닢을 들어 보이며 그것이 아이들에게 음식과 옷을 사줄 마지막 돈이라고 말했다. 그 신부는 그 은화를 달라고 했고 수녀는 그 은화를 건네주었다. 그는 재빨리 그것을 창 밖으로 던지며 말했다.

"이제 전적으로 하나님께 매달리시오."

그로부터 얼마 되지 않아, 많은 식량과 돈을 들고 사람들이 찾아왔다.

그렇다고 당신이 가지고 있는 돈을 몽땅 버리라는 말은 아니다. 그 돈에 의지하지 말라는 의미이다. 보이지 않는 공급원, 상상의 은행에 의지하라는 말이다.

이제부터 우리 자신을 하나님께 밀착시키자. 그래서 진정한 평화를 얻도록 하자. 하나님은 우리의 금이요, 은이요, 부유함이 되신다. 전지전능하신 이의 영감은 우리의 방패가 되시고, 우리에게는 부유함이 넘치게 될 것이다.

Chapter 10

나는 절대

궁핍하지 않다

I shall Never Want

당신을 위한 탈출구는 있는가?

현실은 마음에서 비롯된 상상의 결과이다.

> **현실은 마음에서 비롯된 상상의 결과이다!**

    시편 23편은 시편 중에서 가장 훌륭한 시(詩)일 뿐만 아니라 성경에서도 가장 핵심인 내용을 담고 있다고 알려져 있다. 이 시는 주님이 자신의 목자라는 것을 깨닫고 그것을 확신하는, 전지전능하신 이가 모든 것을 채워 주리라 믿는 사람에게는 절대로 부족함이 있을 수 없다는 것을 말해준다.

    지금 당장 당신이 그러한 확신을 가진다면 이 순간부터 필요한 모든 것이 채워지는 경험을 하게 될 것이다. 당신이 원하거나 소망하는 것은 무엇이든지 간에 풍족한 창고에서 즉시 꺼내 쓸 수 있게 될 것이다.

어느 한 여자에게 갑자기 깨달음이 찾아왔다.

"여호와는 나의 목자시니 내가 부족함이 없으리라."

보이지 않는 공급 창고를 손으로 만지는 것 같았던 그녀는 공간을 초월하는 것과 같은 느낌이 들면서 더는 외적인 것에 의지하지 않게 되었다.

그녀에게 찾아온 첫 번째 증거는 아주 사소하면서도 꼭 필요한 것이었다. 큰 종이를 끼울 수 있는 파일이 당장 필요했는데 그것을 사러 문구점에 갈 여유가 없었다. 대신할 것을 찾던 중 그녀는 우연히 거의 사용하지 않았던 수납장을 열었고, 그 안에 파일이 12개 정도 있는 것을 발견하였다.

그녀는 기대의 법칙이 정말로 작동하는 것을 깨닫고 하나님에게 감사를 드렸다. 그 후, 종종 돈이 필요할 그때마다 적었고 많은 돈이 그녀의 손에 들어왔다. 그녀가 기대했던 것을 얻을 수 있었던 것은 이 말씀에 전적인 신뢰를 했기 때문이었다.

"여호와는 나의 목자시니 내가 부족함이 없으리라."

우리는 사람이 이렇게 말하는 소리를 듣는다.

"하나님께 돈이나 물질을 구하는 것은 옳지 않아."

이런 말을 하는 사람은 각각의 사람 속에 창의 원리가 내재되어 있음을 인식하지 못하고 있는 것이다. 참다운 영성(靈性)은 하나님이 단 한 번이 아닌 매일매일 당신에게 필요한 것을 채워주시는 분임을 증명하고 있다.

예수님도 이 법칙을 알고 있었다. 그분이 소망하거나 필요한 것이 그때그때 나타났기 때문이다(빵, 물고기를 얻으셨고, 심지어 물고기의 입에서 돈을 꺼내시기도 하였다).

확신에 차 있을 때는 물자의 비축과 저축에 집착하지 않게 된다. 그렇다고 은행에 저축을 하지 말고 투자할 필요가 없다는 말이 아니다. 단지 그런 것에 의지해서는 안 된다는 의미이다. 당신은 한쪽에서 무언가를 잃으면 다른 쪽에서 무언가를 얻게 되어 있다. 항상 당신의 창고는 가득 찰 것이고 당신의 컵은 흘러넘칠 것이다.

어떻게 보이지 않는 창고와 접촉할 것인가? 바로 당신에게 확신을 심어주는 긍정의 선언을 받아들이면서부터이다. 물론 이 긍정의 선언이 누구에게나 적용되는 것은 아니다.

"하나님의 이름을 부르는 자는 누구라도 구원을 받을 것이다."

하나님은 당신의 목자이시며, 나의 목자이시고, 모든 사람의 목자이시다.
하나님은 인간의 필요를 채워주시는 전지전능하신 분이다. 인간은 하나님을 대신하여 움직이는 존재이기 때문이다. 예수님은 이렇게 말씀하셨다.

"나와 하나님은 하나이다."

우리는 위의 말씀을 다른 말로 고쳐 표현할 수

있다.

"나와 우주의 창의 원리는 하나이며 동일하다."

인간은 전적으로 신뢰하지 않으면 안 되는 직관과 연결되지 않았을 때 궁핍에 빠져든다. 창의의 직관은 완벽하게 우리를 충족시켜 줄 방법을 알고 있다. 이성의 판단과 개인의 의지는 창의의 직관과 연결되는 것을 방해한다.

한 여자가 나에게 전화를 걸어와 울면서 말했다.
"전 사업 때문에 항상 걱정만 하며 살고 있어요."
내가 대답해 주었다.
"당신과 하나님의 관계는 한결 같습니다. 주님은 당신의 목자이시고, 당신에게는 부족함이 있을 리 없습니다. 문 하나가 닫히면 다른 문이 열리게 되어 있습니다."

모든 일을 진리의 원칙에 의해 실천하는 매우 성공한 사업가가 말했다.
"사업할 때 가장 곤혹스런 점은 대부분의 사람

이 겉으로 드러난 상황에만 의존할 줄 알지, 앞으로 나갈, 혹은 새로운 길에 대한 비전이 없다는 것이지요."

엄청난 성공은 거의 대부분 실패에서 비롯된 것이다.

에드거 베르겐은 멍청하다는 이유로 브로드웨이 극단에서 해고되었다. 노엘 카워드는 그를 루디 발리라는 라디오 프로그램에 데뷔시켰고, 베르겐은 칼라 매카디와 콤비를 이루어 하룻밤 사이에 유명인이 되었다.

자신의 인생이 끝났다고 판단하여 자살하기로 마음먹은 남자에게 나는 이 이야기를 들려주었다. 그로부터 며칠 후 그 남자는 자신에게 엄청난 재산이 상속될 것이라는 편지를 받았다며 내게 연락을 해 왔다.

그렇다. 새벽의 칠흑 같은 어둠에 속지 말라. 칠흑 같은 어둠 뒤에는 반드시 밝음이 온다는 것을 실감하기 위해 가끔씩 새벽을 경험해 보는 것이 좋다. 브루클린 프로스펙트 공원 근처에 내 친구가 한

명 살고 있다. 항상 그녀는 새롭고 특이한 일을 하기 좋아하는데 한 번은 나에게 말했다.

"언제 우리 집에 와. 아침 일찍 일어나서 프로스펙트 공원에 서서 해 뜨는 것을 같이 보자."

처음에 나는 거절했는데 곧 그것이 재미있을 것 같은 생각이 들어 그러자고 했다. 여름이었다. 새벽 4시에 나, 친구, 친구의 딸이 일어났다. 밖은 어둠이 깔려 있었다. 우리는 거리를 달리다시피 걸어서 공원으로 들어갔다. 순찰을 돌던 경찰관이 이상한 눈으로 우리를 바라보았지만 아랑곳하지 않고 친구가 정중하게 말했다.

"우린 해 뜨는 것을 보러 가는 길이에요."

그러자 경찰관은 알겠다는 듯한 표정을 지었다. 우리는 공원을 가로질러 아름다운 장미공원에 도착했다. 동쪽에 핑크색의 빛줄기가 나타나자, 갑자기 대소동이 일어나는 소리가 들려왔다.

다름 아닌 가까운 동물원에서 살고 있는 모든 동물이 새벽을 맞이하는 소리였다. 사자는 포효했고, 하이에나는 웃었다. 날카롭게 끼룩거리는 소리, 으

르렁거리는 소리도 들렸다. 새로운 날을 맞으면서 모든 동물이 하고 싶은 말을 표현하는 것이었다. 상당히 활기찬 모습이었다.

여명이 비스듬하게 나뭇가지를 뚫고 비쳐오면서 이 세상의 모든 만물에는 신비스런 면이 숨어 있다는 것을 깨닫게 되었다. 사방이 더욱 밝아지면서 우리들의 그림자는 뒤가 아닌 앞에 있었다. 하루를 시작하는 날이 밝아오는 광경은 그러했다!

암흑을 경험한 우리 모두에게는 틀림없이 멋진 여명이 찾아온다. 성공의 여명, 행복의 여명, 부유함의 여명은 틀림없이 당신에게 다가온다.

중요하지 않은 날은 없다. 아름다운 산스크리트 시에는 이런 구절이 있다.

"보아라. 그러므로 오늘 하루가 여명의 인사로 시작된다."

오늘도 주님은 당신의 목자이시다! 당신과 위대한 창조 원칙이 하나이며 동일한 것이기 때문에 당신은 궁핍해질래야 궁핍해질 수가 없다.

당신에게 좋은 일이 다가오리라 기대하고, 준비

하면서, 긍정의 선언을 함으로써 주님을 찾아야 한다. 당신이 성공을 바라면서 실패를 준비한다면, 당신은 성공이 아닌 실패를 하게 된다.

나는 「인생 게임을 즐기는 방법」에서 나를 찾아와 자신의 빚이 청산될 수 있도록 조언을 해 달라고 부탁한 사람의 이야기를 한 적이 있다. 그에게 나는 열심히 상담을 해 주었다. 상담을 다 받은 후에 그가 말했다.

"빚을 갚을 돈이 없어서 앞으로 빚쟁이들에게 무슨 핑계를 대야 할지 걱정입니다."

믿음이 없으면 그 어떤 상담도 아무런 도움이 되지 않는다. 믿음과 기대는 자신의 소원이 이루어지는 환상을 잠재의식에 심어주기 때문이다.

시편 23편에는 이런 글이 있다.

"내 영혼을 소생시키시고…."

당신의 영혼은 당신의 잠재의식이며, 올바른 생각으로 채워져야 한다는 것이다. 당신의 느낌은 그 어떤 것이라도 잠재의식에 각인되며, 당신의 일에 표현된다. 당신이 성공한 사람이라는 확신을 잠재의식에 심어주지 않는 한, 실패를 생각하게 되며 그러면 당신은 그렇게 될 수밖에 없는 것이다. 잠재의식은 문득 긍정의 선언문을 만들면서 깨달아지며 새롭게 변화될 수 있다.

하와이로 여행을 떠나고 싶은 사람은 막연히 생각만 하는 것이 아니라, 무슨 이유 때문에 하와이에 가고 싶어 하는 것인지 냉정히 생각해 보아야 한다.

남국의 상쾌한 바람을 맞으면서 골프를 즐기고 싶다거나, 해양 스포츠를 마음껏 즐기고 싶다는 식의 기쁨을 만끽할 수 있다면 문제가 되지 않는다. 해외에 한 번도 가본 적이 없기 때문에 와이키키에서 수영을 했다고 친구들에게 자랑하고 싶은 욕구에서 비롯된 꿈이라면 하루빨리 바꾸는 것이 좋다. 경쟁의식이나 허영만 앞세운 소망은 최선과 진심이 깃든 노력으로 추구되지 않기 때문이다. 진심으로 노력할 수 없다면 잠재의식에서도 그 노력에 진지하게 대응하지 않기 때문이다.

잠재의식은 당신의 명령을 매우 충실하게 이행한다. 잠재의식에서는 겉치레나 거짓은 통용되지 않는다. 당신은 잠재의식에 항상 명확히 지시를 내려야 한다. 그러면 잠재의식은 당신이 모르는 장소에서 최선을 다해 활동하다가 적당한 기회에 당신의 꿈을 틀림없이 실현시켜 줄 것이다.

내 강의에 참석했다가 돌아가려는 순간에 나로부터 잠재의식을 변화시키는 말을 듣고 깨닫게 된 한 여자가 있었다.

"당신이 서 있는 땅은 수확하는 땅입니다."

내 강의에 흥미를 못 느끼던 그녀에게 이 말 한마디가 충격을 준 것이었다.

"당신이 서 있는 땅은 수확하는 땅입니다."

이 말이 그녀의 귀를 울렸다. 이후 좋은 일이 줄줄이 일어났고, 갑자기 행복한 일이 이어졌다.

긍정의 선언문을 만들어야 하는 이유는 반복을 통해 그것을 잠재의식에 각인시켜야 하기 때문이다. 처음에는 당신의 생각을 컨트롤 하기 쉽지 않을 것이다. 하지만 당신의 말은 얼마든지 컨트롤 할 수 있다. 예수님께서 말씀하셨다.

"네 말로 의롭다 함을 받고 네 말로 정죄함을 받

으리라."

 매일매일 그날을 위해 올바른 말과 생각을 선택하라!

 상상의 능력은 창의 능력이다.

 "현실은 마음에서 비롯된 상상의 결과이다."

 우리는 얼마든지 필요한 것을 꺼내 쓸 수 있는 상상이라는 은행을 가지고 있다.

 우리 자신이 부유하고, 건강하고, 행복하다고 상상해 보자. 모든 일이 하늘의 뜻에 의해 벌어지고 있다고 상상하라. 그 상상의 실현은 전지전능하신 분에게 맡겨 버리자.

 "주님은 너희가 알지 못하는 비밀병기를 갖고 계신다."

 그분은 당신을 깜짝 놀라게 할 계획을 가지고 계신다.

 시편 23편의 가장 중요한 구절은 이렇다.

 "주께서 내 원수의 목전에서 내게 상을 차려 주시고…."

 이는 의심, 두려움, 혹은 분노에 의해 촉발된 최

악의 상황 속에서도 당신을 위한 탈출구가 마련되어 있다는 의미이다.

"여호와는 나의 목자시니 내가 부족함이 없으리라."

Chapter 11

기적을
기대하라!

Look with Wonder

당신 앞으로 다가선 기적을 바라보라!

당신 앞으로 다가선 기적을
경이로움으로 바라보라!

당신 앞으로 다가선 기적을 경이로움으로 바라보라!

'기적'과 '경이로운'이란 단어는 성경에 수도 없이 자주 나온다. 기적의 사전 의미는 '인간의 능력으로서는 불가능한, 경이롭고 불가사의한 놀라운 일'이다.

오스펜스키는 그의 저서 「테르티움 오르가눔 (Tertium Organum)」에서 4차원의 세계가 바로 '경이로운 세계'라고 주장했다. 그는 수학의 방법을 통해 모든 상황이 완벽한 그 세계가 존재함을 증명하였다. 예수님은 그 세계를 하나님의 나라라고 불렀다.

이렇게 우리는 말할 수 있다.

"먼저 경이로운 세계를 찾아라. 그러면 모든 것이 너에게 주어질 것이다."

경이로운 세계는 의식의 상태를 통해서만 도달할 수 있다. 예수님은 하나님의 나라에 들어가기 위해서는 '어린아이'처럼 되지 않으면 안 된다고 말씀하셨다. 항상 어린아이는 기쁨과 경이로움의 상태로 젖어들기 때문이다.

미래에는 신비스런 좋은 약속이 이루어지게 되어 있다. 하룻밤 사이에 무슨 일이 벌어질지 모르는 것이다.

로버트 루이 스티븐슨은 「어린이의 시 정원」에서 이렇게 말한 적이 있다.

"이 세상은 온갖 것으로 가득 차 있다. 우리 모두 왕처럼 행복해져야 한다."

자, 이제 우리 앞에 나타날 기적을 바라보자. 오래 전에 나에게 주어진 이 문장은 「인생 게임을 즐기는 방법」에서 이미 언급한 적 있었다. 나는 나에게 주어진 기회를 놓치고 나서야 나의 행운에 더 관심을 두었어야 했다고 아쉬워했다. 다음 날 아침 나는 내 자신에게 선언문을 선포했다.

"자, 이제 내 앞에 기적을 바라보자!"

그날 정오, 전화벨이 울렸을 때 나는 다시 그 문장을 떠올렸다. 그 문장에 나는 집중했다. 나는 나에게 다가오리라 절대 기대하지 않았던 기회가 주어지는 기적을 경험하였다.

하루는 내 강좌에 참석한 사람이 나의 선언문이 그에게도 경이로운 결과를 가져왔다는 사실을 들려주었다. 이런 선언문은 의식 속에 행복한 기대감을 가득 채워 준다. 어린이는 어른이 될 때까지 대부분 행복한 기대감으로 충만함을 느낀다. 어른이 되면서부터 경이로운 세계로부터 빠져나와 현실의 경험을 받아들이게 되면서부터 불행함을 느낀다. 과거를 되돌아보며 우리를 억눌렀던 우울한 생각을 떠올려 보자.

"흠집 있는 사과를 먼저 먹어라."

"너무 많은 것을 기대하지 말라. 그러면 실망도 적을 것이다."

"살면서 모든 것을 가질 수 없다."

"미래를 아는 사람은 아무도 없다."

"인생은 시작이 참 한심하지 않은가!"

아주 어렸을 때에 나는 몇 가지 중요한 영향을 받았다. 여섯 살 때쯤이었는데 나는 이상한 막중한 책임감 같은 것을 느꼈다. 내 앞에 나타난 현실을 경이로운 눈길로 바라보기보다는 두려움과 의심을 가지고 바라보았던 것이다. 지금의 나는 여섯 살 때의 나보다 훨씬 어리다는 느낌을 가지고 있다.

당시에 찍은 사진을 보면 나는 비록 꽃을 들고 있었지만 얼굴은 지치고 절망스런 표정을 하고 있었다. 이미 나는 경이로운 세상을 떠나 있었던 것이다! 마치 다 큰 어른처럼 나는 경이로움에서 많이 벗어난 현실의 세계에 살고 있었다. 불과 여섯 살 때 말이다.

태어나면서부터 진리를 터득해 평생을 어린아이와 같이 이 세상을 살 수 있다는 것은 보통 특권이 아니다. 설사 실질로 형이상학을 배우지 않았더라도, 하늘은 기쁨으로 충만하게 채워져 있다는 사실을 느끼며 이 세상을 산다는 것은 결코 쉬운 일이 아니다.

당신은 여섯 살의 나이로 돌아가 설리 템플처럼 유명한 배우가 되거나 위대한 피아니스트가 되어 연주 여행을 떠날 수 있다. 이제 우리는 어떤 일이라도 하룻밤 사이에 기적이 찾아올 때는 몹시 빨리 찾아오는 경이로운 세계에 와 있다.

기적을 의식하고 준비하자. 기적을 기대하자. 그러면 기적을 우리의 삶 속에 끌어들이게 된다.

당신에게는 지금 재정의 기적이 필요할지도 모른다! 당신의 모든 요구를 채워 줄 보급망이 있다. 적극의 믿음과 말, 직관을 이용해 우리는 보이지 않는 보급망을 가동하기만 하면 된다.

한 가지 예를 들어보자.

내게는 거의 빈털터리가 된 제자가 한 명 있었

다. 그녀에게는 무려 1천 달러나 되는 돈이 필요했다. 한때 그녀는 자기가 가진 많은 돈과 아름다운 외모를 자랑했다.

그러나 내가 그녀를 만났을 당시에는 헐값의 족제비 목도리만 달랑 남아 있었다. 그녀에게 나는 좋은 사람을 만나 적절한 가격에 그 목도리가 팔리거나, 다른 방법으로 그녀의 필요가 채워질 것이라는 선언문을 말해 주었다.

물론 그녀는 돈이 당장 필요했고, 걱정하거나 논리적으로 생각할 여유도 없었다. 그녀는 길을 걸으면서 자신만의 선언문을 만들고 있었다. 폭풍우가 몰아치던 날이었다. 드디어 그녀는 선언문을 완성했다.

"나는 택시를 탐으로써 보이지 않는 내 공급망에 대한 적극적인 믿음을 나타내리라."

매우 강력한 예감이었다. 목적지에 도착해 택시에서 내렸을 때, 마침 한 여자가 택시를 타기 위해 기다리고 있었다. 오래된 친구로서 친절한 사람이었다. 그녀는 평생 한 번도 택시를 타 본적이 없었다. 그날따라 그녀의 롤스로이스가 고장이 나서 택시를 타려고 기다리고 있었던 것이다. 모처럼 만난 그들은 대화를 나누었다. 그러다가 제자는 자신의 족제비 목도리에 대해 말했다. 그러자 친구가 이렇게 제의하는 것이었다.

"나에게 1천 달러에 팔지 그래?"

내 제자는 그날 1천 달러짜리 수표를 손에 쥘 수 있었다.

하나님의 방법은 정교하다. 또한 그분의 방법은 확실하다. 그 후로도 그녀가 원하는 상황과 연결된 예상치 못했던 일이 연이어 발생했다. 그녀는 하나님의 일을 경이로움으로 바라본 것이다.

믿음의 증거는 순식간에 드러나는 것이 보통이다. 모든 것은 하나님의 놀라운 정교함에 맞추어져 있다. 내 제자가 택시에서 내렸을 때 그녀의 친구는 마침 택시를 기다리던 참이었다. 그 친구는 그 때가 아닌 몇 초 후 다른 택시를 불러 세워 타고 갈 수도 있었다.

우리가 해야 할 일은 자신의 예감을 일깨우는 것이다. 우리가 원하고 요구하는 것은 전부 직관이라는 마술 도로 위에 있기 때문이다.

몰튼의 현대인을 위한 성경은 시편을 가장 완벽한 서정시로 인정하고 있다.

"서정시의 정수인 음악의 명상은 하나님께 예배를 올리는 경건한 영혼에게 가장 적절하고, 적극적이며 명상적인 생활에도 큰 도움이 된다."

물론 시편은 오래 전에 하나님의 영감에 따라 인간이 쓴 문서이다. 나는 개인적으로 77편을 좋아한다. 그 이유는 절망에 빠져 있으면서도 하나님의 기적을 갈망하면서 믿음과 확신을 다시 찾게 된다는 내용이 내 마음에 너무나 와 닿기 때문이다.

"내가 음성을 높여 하나님께 부르짖으리라. 내가 큰 소리로 부르짖으면 그가 들으실 것이다. 내가 환난을 당했을 때 여호와를 찾고 밤새도록 손을 들어 기도하였으며 내 영혼이 위로받기를 거절하였다. 하나님이시여, 내가 주를 생각하고 불안하여 탄식

하니 내 마음이 약해집니다. 주께서 나에게 눈을 붙이지 못하게 하시므로 내가 괴로워 말도 할 수 없었습니다. 내가 옛날을 생각하며 지나간 날을 회상해 봅니다. 그 때는 내가 즐거운 노래로 밤을 보냈는데 지금은 내가 내 심령을 살피면서 자문해 봅니다.

여호와께서 우리를 영원히 버리실까? 다시는 우리에 대한 그의 사랑이 영원히 사라진 것일까? 그의 약속은 영영 무산된 것인가? 하나님이 은혜를 베푸시는 것을 잊으셨는가? 그가 분노하여 불쌍히 여기지 않기로 하셨단 말인가?

나는 하나님의 축복이 증오로 바뀐 것이 나의 슬픔이라고 생각했습니다. 여호와여, 내가 주의 행하신 일을 기억하며 옛날에 주께서 행하신 기적을 되새겨 보고 또 주의 모든 일을 묵상하며 주께서 행하신 놀라운 일을 생각하겠습니다. 하나님이시여, 주께서 행하시는 일은 다 거룩합니다. 주와 같은 위대한 신이 어디 있습니까? 주는 기적의 하나님이시므로 모든 민족에게 주의 능력을 보이셨습니다. 주께서는 주의 능력으로 야곱과 요셉의 후손인 주의 백성을 구원하셨습니다."

하나님의 진리를 추구하는 보통 사람이 문제에 봉착했을 때 경험하는 과정이 시편 77편에 잘 그려져 있다. 항상 인간은 의심, 두려움, 절망의 공격을 받는다. 그러다가 진리의 선언문이 의식에 파고든다.

"하나님의 방법은 정교하다. 또한 그분의 방법은 확실하다."

나와 대화를 나누던 친구가 나에게 이렇게 말한 적이 있다.

"하나님이 내 문제를 해결해 주실 것을 믿지 않는다면 그처럼 어리석을 수가 없겠지. 지금까지 기적 같은 일이 나에게 많이 일어났는데 앞으로도 틀림없이 그럴 거거든."

시편 77편을 한 마디로 요약한다면 '예전에도 나를 위해 일하신 하나님이 앞으로도 나를 위해 일해 주신다' 라는 사실이다.

과거의 성공, 행복, 부유함을 상기하면서 이 문장

을 낭독하는 것은 좋은 일이다. 모든 불행과 손실은 당신의 공허한 상상에서 비롯된다. 손실의 두려움이 당신의 의식 속에 침투하면, 당신은 마음에 부담을 느껴 그것과 싸워서 이기려 하고, 마술 직관의 길에 매달리기보다는 이성으로 생각하기 시작한다.

하지만 코란에 "알라가 주신 것은 절대로 줄어들지 않는다"는 말이 있는 것처럼 어느 순간 갑자기 모든 것이 당신에게 되돌아가게 된다.

어린아이 같은 의식의 상태를 회복하기 위해서는 경이로움으로 당신을 가득 채워야 하지만 그렇다고 과거의 어린 시절 속에서 살지 않도록 주의해야 한다. 나는 행복한 어린 시절만을 생각하는 사람을 알고 있다. 그들은 어떤 옷을 입었는지를 기억한다! 그 이후 하늘이 투명하게 푸르렀던 적은 없었던 것 같다고 생각한다. 이런 생각을 가지고 있는 사람은 현재의 경이로운 경험을 놓치고 있는 것이다.

나는 어렸을 적에 작은 마을에서 살다가 도시로 이사했던 한 친구의 흥미로운 이야기를 알고 있다. 항상 그녀는 자신이 살았던 그 집을 생각했다.

"그 집처럼 매혹적이고, 운동장처럼 넓고 우아한 집은 보지 못했다."

그녀는 입버릇처럼 말했다. 많은 세월이 흘러 성인이 된 그녀는 결국 자신이 살았던 그 집을 찾아가게 되었다.

정작 집에 가 보니 환상이 깨어지면서 그녀는 그 집이 비좁고, 냄새가 나고, 꾀죄죄하다는 사실을 알게 되었다. 정원도 보잘것없었다. 아름다움에 대한 그녀의 가치관이 완전히 바뀐 것이었다.

설사 당신이 과거로 돌아간다 해도, 결코 과거는 당신의 기억과 같지 않을 것이다. 가족모임에서 그녀는 과거 속에 산다는 것은 헛된 짓이라 고백한 적이 있다.

그녀의 여동생도 비슷한 경험담을 들려 주었다. 그녀는 16살 때 외국 출신의 매우 활발하고 로맨틱하고, 잘 생긴 남자 예술가를 만나 사랑에 빠졌다.

그러나 그들의 로맨스는 오래 가지 않았다. 그녀는 나중에 결혼한 남편에게 그 얘기를 너무나 자주 말했다. 세월이 흘러 그 활발하고, 로맨틱한 남자가 유명한 화가가 되어 전시회를 열기 위해 미국에 왔다. 흥분한 그녀는 그를 만나기 위해 수소문했다. 전시회장에서 그녀는 예전의 로맨틱한 남자 대신, 뚱뚱한 장사꾼 같은 남자를 보았다. 그녀는 남편에게 자신이 헛된 망상 속에 살았음을 고백하지 않을 수 없었다.

바로 지금이 정해진 그때라는 것을 기억하라! 오늘이 바로 그날임을 기억하라! 당신에게 좋은 일이 밤 사이에 일어날 수 있는 것이다.

당신 앞으로 다가선 기적을 경이로움으로 바라보라! 우리는 신성한 기대감으로 가득 찬 존재이다.

"나는 메뚜기가 먹어치운 세월을 너에게 되돌려 주리라."

하늘이 궤도를 수정하는 경우도 있다. 그러면 어려움에 처했을 때 어떻게 하면 구제받을 수 있을까?

첫째, 선한 희망을 잃지 않아야 한다.

둘째, 노력을 멈추지 않아야 한다.

항상 밝고 선한 희망을 잃지 않고 노력을 계속한다면 최후에는 반드시 하나님께서 구제하신다. 그러한 확신과 믿음이 필요하다.

　상황에 따라서 잠재의식이 당사자의 의사와 반대로 인생을 이끄는 경우가 있다. 지금까지 한 가지 일에 열중해 왔는데도 불구하고 마음이 바뀌어서 다른 일에 관심이 쏠렸다면, 그 새로운 일에서 삶의 보람을 느낀다면 방향 전환을 시도해보는 것도 나쁘지 않다.

　이제 우리는 달성하기 어렵다고 느끼는 좋은 것을 생각해야 한다. 그것은 건강일 수도 있고, 부유함일 수도 있고, 행복 혹은 완벽한 자기표현일 수도 있다. 어떻게 당신의 좋은 것을 달성할 수 있을까를 고민하지 말고, 당신이 원하는 것을 보이지 않는 방법으로 이미 받았음에 감사하라. 그렇게 하면 목적을 향한 발걸음이 가벼워질 것이다. 당신을 안내하는 직관에 깨어 있으라. 그러면 어느 순간 당신이 약속의 땅으로 들어가 있음을 발견하게 될 것이다.

　당신 앞에 다가선 기적을 바라보라!

Chapter 12

당신이 원하고 있는
행운을 좇아가 잡아라!

Catch up with Good

마음의 소리에 귀를 기울여라

마음을 다하여 원할 때,
우리는 원하는 것을 얻을 수 있다

> **마음을 다하여 원할 때,
> 우리는 원하는 것을
> 얻을 수 있다!**

당신이 원하고 있는 행운을 잡아라! 이는 '그들이 간청하기 전에 내가 소원을 이루어 주겠다'는 말을 다르게 한 표현이다.

당신이 원하고 있는 행운은 앞서 달려가고 있다. 어떻게 그것을 좇아가 잡을 것인가? 당신은 들을 줄 아는 귀를 가지고 있어야 한다. 보는 눈을 가지고 있어야 한다. 그렇지 않으면 당신이 원하고 있는 행운은 결코 당신의 손에 잡히지 않는다.

한평생 살면서 자신이 원하는 행운을 결코 자기 손에 쥐지 못하는 사람이 있다. 그들은 말한다.

"내 인생은 행운이란 전혀 찾아오지 않는 불행의 연속이었어."

그들은 기회가 왔을 때 잠을 잔 사람들이다. 게으름 때문에 자신이 가지고 있는 행운을 좇아가 잡지 않은 사람들이다.

한 여자가 돈이 없어 3일 동안 굶었다고 친구들에게 말했다. 그녀에게 친구들이 일자리를 알아봐 주겠다고 했지만 그녀는 거절했다.

정오 전에는 그녀는 결코 일어날 수 없으며 침대에 누워 잡지 읽는 것이 좋다고 그 이유를 말했다. 그녀는 《보그》 혹은 《하퍼》지를 읽을 수 있도록 친구들이 도와주기를 원할 뿐이었다. 우리는 정신의 나태함에 빠지지 않도록 주의하지 않으면 안 된다.

이 선언문에 집중하라.

"나는 내가 원하고 있는 행운을 절대 놓치지 않으리라."

대부분의 사람은 자신이 원하고 있는 행운의 절반 정도만 활용하고 있다.

어느 학생이 나에게 말했다.

"저는 직관을 따르지 않을 때 항상 궁지에 몰리게 되지요."

모든 것은 소망에서 비롯된다. 오늘날의 과학은 라마라크와 그의 '소망이론'으로 회귀하고 있다. 그는 새가 날개가 있기 때문에 나는 것이 아니라, 날기 원하기 때문에 날개를 가지게 된 것이라고 주장한 적이 있다. 즉, 소원의 결과라는 것이다.

뚜렷한 비전을 동반한 사고의 거역할 수 없는 힘을 생각하라. 많은 사람들이 삶의 대부분을 안개에 싸여 그릇된 결정을 내리며 잘못된 방향으로 가고 있다.

성탄절을 앞두고 내 비서가 정신 없이 붐비는 큰 상점의 판매원에게 말했다.

"오늘이 가장 바쁜 날인 것 같군요."

판매원이 대꾸했다.

"아뇨. 성탄절 그 다음날이 가장 바쁜 날이에요.

물건을 사간 사람이 반품하러 오거든요."

 많은 사람이 자신의 직관에 귀를 기울이지 않고 잘못된 선물을 고르기 때문이다. 무슨 일을 하든지 당신은 직관에게 안내를 부탁해야 한다. 그래야 시간과 에너지를 절약할 수 있고, 비참한 삶을 살지 않게 된다. 모든 고통은 직관의 법칙을 무시하는 데서 비롯된다. 직관으로 집을 짓지 않는 한, 우리는 헛된 수고만 하게 될 뿐이다.

 예감에 의존하는 버릇을 지녀라. 그러면 당신은 항상 마법의 길을 달리게 될 것이다.

 "그들이 나에게 살려달라고 부르짖기 전에 내가 먼저 그들을 돕고 나에게 간청하기 전에 내가 먼저 그들의 소원을 이루어 주겠다."
 영적인 법칙에 의존해 일하면, 이미 우리는 존재하고 있는 그 길로 안내될 것이다. 진실한 소망이 있어야만 현실에서 구체화된다.
 신의 마음속에 그려진 새는 완벽한 형상을 하고

있었다. 그 아이디어를 잡아챈 물고기는, 자신이 새가 되었으면 하고 소망했었다.

당신도 날개가 있었으면 하고 소망하고 있는가? 우리는 절대 불가능할 것 같은 소망이라도 희망을 가지고 품지 않으면 안 된다.

나의 긍정의 선언문에는 이런 것이 있다.

"예상치 못한 일이 벌어진다. 불가능해 보이는 좋은 일이 지금 나를 향해 다가온다."

방해물을 크게 보지 말고 주님을 크게 보라. 주님의 능력을 크게 보라.

보통 사람은 방해물에 안주하면서 행운이 자신에게 다가오는 것을 방해한다. 당신은 눈에 보이는 것을 따라 일을 한다. 당신이 방해물과 장벽에 신경을 쓰면 쓸수록 상황은 점점 더 악화될 것이다.

우리는 행운을 찾는데 있어서, 가혹한 현실에서 눈을 돌리지 않으면 안 된다. 겉으로 드러난 것으로 판단하지 말라.

이 선언문을 받아들이면 당신의 마음이 편해질 것이다.

"하나님의 강한 팔은 이 세상의 모든 사람, 모든 환경에 미치며, 모든 상황을 지배하여 나의 이익을 지키신다."

사업으로 파렴치한이 된 어떤 사람과 인터뷰를 앞둔 사람이 나에게 조언을 구했다. 위의 긍정의 선언문을 나는 말해 주었고, 그는 그 상황에 대한 자신감과 긍정인 희망을 얻게 되었다.

마음을 다하여 원할 때, 우리는 원하는 것을 잡아챌 수 있고, 소망은 외적으로 구체화된다.

"나는 너에게 올바른 소망을 주리라."

이기적인 소망, 타인에게 해로운 소망은 항상 자신에게 되돌아오게 되어 있다. 올바른 소망은 전지전능하신 이의 메아리이다. 올바른 소망은 이미 하나님의 마음속에 완벽한 모습으로 존재하고 있다.

모든 발명가는 그 위대한 아이디어를 가로챈 사람들이다. 「인생 게임을 즐기는 방법」에서도 언급했지만 전화에 관한 아이디어는 발명가 벨을 찾아왔던 것이었고, 벨은 그 아이디어를 잡아챈 것이다.

간혹 두 명이 동시에 동일한 발명을 하는 경우가 있다. 이는 두 사람이 동시에 동일한 아이디어에 주파수를 맞추었기 때문이다.

인생에서 가장 중요한 것은 하나님의 계획이 이루어지도록 하는 것이다. 나무가 열매를 맺는 것은 당연한 것처럼, 당신의 인생에 관한 하나님의 계획은 이미 당신의 잠재의식 속에 들어가 있다.

따라서 당신은 모든 일에서 그 완벽한 방침을 사용하지 않으면 안 된다. 하나님의 계획에는 모든 상황이 영원토록 완벽하기 때문에 당신은 어쩔 수 없이 매력 있는 삶을 영위하게끔 디자인되어 있다. 자신이 원하고 있는 행운에 눈을 감고 있는 사람은 하나님의 계획에 도전하고 있는 셈이다.

하루 종일 침대에 누워서 잡지를 읽기 좋아하는 그 여자는 잡지에 기고할 글이라도 썼었어야 했다. 그녀의 게으름이 앞으로 나가고 싶다는 소망을 방해 했던 것이었다.

날개를 가지고 싶은 소망을 품은 물고기는 방심하지 않고 생동감이 있었다. 그들은 바다의 침대에 누워서 한가하게 《보그》나 《하퍼스 바자》 등의 잡지나 읽지 않았다.

잠자고 있는 당신을 깨워라. 그래서 당신의 행운을 좇아가 붙들어라!

"너는 나에게 부르짖어라. 그러면 내가 너에게 응답할 것이며 네가 알지 못하는 크고 놀라운 일을 너에게 보여 주겠다"

지금 당장 내가 원하고 있는 행운을 좇아가 붙들어라! 내가 원하는 것은 이미 응답이 되어 있다.

인간의 잠재력은 무한하지만, 사람은 사는 동안 그 잠재력의 절반도 채 사용하지 못한다. 잠재력은 순간의 기지와 지혜로도 발휘된다. 아인슈타인은 이런 말을 했다.

"사람의 두뇌를 100으로 봤을 때, 보통 사람들은 그것의 35퍼센트밖에 쓰지 못한다. 천재는 그보다 8퍼센트를 더 쓸 뿐이다."

순발력과 상상력, 용기 이 모든 것이 지혜가 있어

야만 발휘될 수 있다는 사실을 기억하라. 당신 역시 선천적으로 천재가 될 가능성을 타고났음을 믿어라.

Chapter 13

사막의 강

River in the Dessert

잠든 당신 자신을 깨워라!

잠자는 너를 깨워라!

잠자는 너를 깨워라!

성경의 이사야 43장에는 전능하신 이의 절대 능력이 곤란에 처한 사람을 구하기 위해 임하신다는 놀라운 약속이 포함되어 있다. 아무리 해결이 불가능해 보이는 상황일지라도, 전지전능하신 이는 해결방법을 이미 알고 계신다.

하나님의 능력을 가지고 일하는 사람은 절대적이고 확고한 신념을 가지고 있다. 우리 모두 언제라도 의지할 수 있는 숨어 있는 능력의 실체를 깨닫자.

전지전능하신 이와 접촉하라. 그러면 헛된 상상에서 오는 악의 뿌리는 이슬처럼 사라질 것이다. 내 강의 질의응답 시간에 이런 질문을 받은 적이 있다.

"선생님은 어떻게 전지전능하신 이와 의식을 갖고 접촉하시나요?"

나는 대답했다.

"말에 의해서지요. 말에 의해서 죄 사함을 받거든요."

백부장이 예수님께 간구했다.

"그저 나으라는 말씀만 한 마디 해 주십시오. 그러면 하인이 나을 것입니다."

"누구든지 주님의 이름을 부르는 사람은 구원을 받을 것이다."

'부르다'라는 단어에 주목하라. 당신이 진리의 선언문을 말한다는 것은 주님 혹은 주님의 법칙을 부른다는 의미이다. 항상 나는 문득 깨달아지는 선언문을 놓치지 말 것을 일러둔다. 이러한 선언문은 우리에게 안정감을 준다.

인간은 결핍의 아이디어에 포위되어 있다. 사랑

의 결핍, 금전의 결핍, 우정의 결핍, 건강의 결핍 등등.

인간은 장애와 불완전한 생각에 포위되어 있다. 아담의 꿈을 꾸고 있는 것이다. 아담은 하나님이 먹지 말라는 나무의 열매를 먹었고, 선과 악이란 두 가지 능력을 보게 되었다.

현재 당신이 결핍되어 있다면, 여전히 당신은 가지고 있는 좋은 것에 눈을 감고 있는 것이다. 긴 세월 경쟁의 사고 속에 깊이 잠들었던 우리가 어떻게 아담의 꿈에서 깨어날 수 있을까?

예수님이 말씀하셨다.

"너희 중에 두 사람이 땅에서 마음을 같이하여 무엇이든지 구하면 하늘에 계신 내 아버지께서 이루어 주실 것이다."

이는 협력의 법칙을 의미한다.

스스로 당신이 가지고 있는 좋은 것을 분명하게 발견하기란 거의 불가능하다. 심리치료사, 상담가, 친구가 그래서 필요한 것이다. 성공한 사람들 중 많은 사람이 아내가 자신을 믿어주었기에 성공할 수 있었다고 말한다.

월터 크라이슬러는 자신의 아내에게 바치는 글을 신문에 실은 적이 있었다.

"지난 세월 동안 아내가 나에게 보내 준 신뢰처럼 나에게 만족감을 준 것은 없었다. 나의 야망을 알아준 사람은 오직 내 아내 델라뿐이었다. 내가 내 생각을 말하면 아내는 언제나 고개를 끄덕여 주었다. 언젠가 기술자가 되고 싶다는 소망도 나는 감히 그녀에게 말할 수 있었다."

항상 그녀는 크라이슬러를 믿어 주었다. 당신이 하고자 하는 일에 대해 가급적 남에게 언급하지 말라. 하지만 당신에게 용기와 영감을 주는 사람에게는 하라. 이 세상은 '그건 안 돼. 자네, 목표를 너무 높게 잡고 있구먼' 하고 흥을 깨는 사람으로 가득 차 있다.

진리의 모임이나 예배에 참석했다가 들은 말 한마디, 문득 떠오른 아이디어가 사막에 길을 뚫게 한다. 물론 성경은 의식 상태에 대해 언급하고 있다. 당신이 균형을 잃었다는 것은 황야나 사막에 버려져 있다는 것을 의미한다. 분노하거나, 두려움에 떨거나, 갈팡질팡하는 것이 바로 그런 경우다. 우유부단은 건강을 해치는 원인이 되고, 확신을 가지지 못하게 한다.

어느 날 나는 버스를 타고 있었다. 한 여자가 버스를 세우더니 운전사에게 방향을 물었다. 운전사는 말해 주었지만 그녀는 방향을 확실히 정하지 않은 상태였다. 조금 더 갔을 때 그녀는 버스를 세워달라고 했다. 버스에서 내린 그녀가 운전사에게 다시 방향을 물었다. 그러자 운전사가 대답했다.

"부인, 마음을 정하세요."

많은 사람에게 해주고 싶은 말이다.

"여러분, 마음을 정하세요."

직관력에 의지하는 사람은 절대 우유부단하지 않다. 그는 앞에 마술 같은 길이 열릴 것을 알고 있기에 과감히 예감을 따라 간다. 진리에 강한 사람은 항상 해야 할 일을 안내해 달라고 구한다. 구할 때마다 당신은 받을 것이다. 응답은 직관을 통해서, 혹은 현실에서 찾아온다.

어느 날 내 제자인 아다는 방향을 잡지 못한 채 거리를 방황하고 있었다. 그는 하나님께 안내해 달라고 간청했다. 두 명의 여자가 앞에서 걷고 있었는데, 그들 중 한 명이 친구에게 말하는 것이었다.
"왜 아다한테 가지 않지?"
우연하게도 자신의 이름과 똑같은 이름을 들은 것이었다. 하나님의 응답이라고 판단한 아다는 그들을 따라 갔다. 물론 그 결과는 대 성공이었다.

들을 수 있는 귀가 있고, 볼 수 있는 눈만 있으면 우리는 멋진 삶을 살 수 있고, 모든 일에 안내를 받을 수 있고, 또 모든 것을 성취할 수 있다. 물론 우리는 이렇게 말씀하시는 초월적인 존재인 하나님으로부터 지혜를 구해야 한다.

"이것이 길이니 너희는 그 안에 거하라."

당신이 알고자 하는 모든 것이 당신에게 공개될 것이다. 당신이 필요로 하는 것은 무엇이라도 채워질 것이다. 그분은 바다에도 길을 만드시고 파도를 뚫고 통로도 만드신다.

지나간 일, 과거의 일은 절대로 생각하지 말라!

과거 속에 파묻혀 지내는 것은 자신을 아름다운 세상으로부터 단절시키는 것과 마찬가지이다. 지금 이 순간에 관심을 가져야 한다. 지금이야말로 약속이 이루어지는 순간이요, 오늘이 바로 그날이다. 많은 사람이 비축과 저축에 의존해 한계 상황 속에 살면서 자신이 가진 것을 사용하기 두려워하고 있다. 그런 자세는 궁핍과 한계를 초래할 뿐이다.

자신감이 부족한 사람은 결코 자신의 숨겨진 장점을 발견하지 못한다. 이 세상에 무용지물로 태어난 사람은 한 사람도 없다. 사람은 저마다 독특한 개성과 장점을 지닌 인격체이며 그 장점을 하나둘씩 발견하는 과정이 인생인 것이다. 따라서 자신의 장점을 발견하지 못한 채 다른 사람이 지닌 장점을 부러워하는 사람은 인생의 소중한 의미를 잃고 말 것이다.

시골의 작은 마을에 살던 한 여자가 있었다. 그녀는 시력이 무척이나 나빴고, 돈도 없었다. 다정한 친구가 그녀를 안과 의사에게 데려가 진찰을 받게 하고 안경을 사주었다. 이제 그녀는 세상을 환하게 볼 수 있게 된 것이다. 어느 날 다정한 친구가 길에서 안경을 쓰지 않고 있는 그녀를 만났다.

"안경은 어떻게 했어?"

그녀가 대답했다.

"날마다 안경을 쓰면 닳을 거 아냐. 그래서 일요일에만 쓰고 있어."

바로 지금 당신은 이 순간을 살지 않으면 안 된다. 눈을 부릅뜨고 기회를 찾아야 한다.

"보라! 새로운 일을 내가 행하겠다. 이미 그 일이 나타나기 시작했는데 너희는 보지 못하느냐? 내가 광야에 길을 내고 사막에 물이 흐르게 할 것이다."

이 메시지는 모든 사람에게 해당된다. 당신의 문제를 생각하면서 전지전능하신 이가 그 해결방법을 알고 있다는 사실을 상기하라. 당신이 간구하기 전에 이미 응답되어 있는 상태이다. 당신이 요구하기 전에 필요한 것은 이미 공급되어 있는 상태이다.

오직 하나님은 주시기만 하시는 분으로서 지금도 그 방법을 새롭게 창조하고 계신다. 당신을 위해 그분이 예비하신 계획을 물으라! 그러면 그분의 계획에서 벗어나는 위험을 피할 수 있다.

특정한 것을 성취하는 것에서 행복을 얻을 수 있다고 생각할 수도 있다. 세월이 흐른 후 당신은 그것을 성취하지 못하게 하신 하나님을 찬양하게 될 것이다.

때로는 이성의 생각을 따르고 싶은 유혹을 받아 직관의 안내에 항변할 수도 있다. 어느 순간 갑자기 하나님의 손길은 당신을 올바른 장소로 인도할 것이다. 당신은 신비한 능력이 감도는 올바른 길에 서 있는 자신을 발견할 것이다.

이제 당신은 가지고 있는 좋은 것에 대해 의식이 깨어 있다. 이제 당신은 들을 줄(직관의 안내 말) 아는 귀를 가지고 있고, 환하게 열려진 달성의 길을 볼 줄 아는 눈을 가지고 있다.

"내 안에서 천부적인 재능이 발휘되고 있다. 이제 나는 내 사명을 달성할 것이다."

Chapter 14

백설 공주와 일곱 난쟁이가 들려주는
삶의 의미

Snow White and Seven Dwarfs

부정한 사고의 노예가 되지 마라

항상 눈을 크게 뜨고 좋은 것을 찾아라!

항상 눈을 크게 뜨고
좋은 것을 찾아라!

 어떤 사람이 나에게 그림(Grimm) 형제가 쓴 동화 백설 공주와 일곱 난쟁이에 관한 형이상학의 해석을 부탁해 왔다. 그중 한 편의 작은 동화가 월트 디즈니에 의해 애니메이션으로 제작되어 까다롭기로 유명한 뉴욕 시민뿐만 아니라 온 국민을 사로잡았다는 사실이 놀랍기 그지없다. 어린이를 대상으로 제작된 그 영화를 보기 위해 성인들까지 극장으로 몰려들었다.

요정이 등장하는 동화는 페르시아, 인도, 이집트의 전설에서 비롯되어 수천 년을 전해 내려오고 있지만 사실은 삶의 진리에 그 기반을 두고 있는 것이다. 어린 백설 공주에게는 그녀에게 질투심을 느끼는 계모가 있었다. '신데렐라'에서도 나쁜 계모가 등장한다. 사실 못된 계모를 모시지 않고 사는 사람은 거의 없다고 할 수 있다.

잠재의식 속에 형성되는 부정한 사고가 바로 그것이다. 나쁜 생각은 예외 없이 당신의 마음속에 계모로 자리를 잡게 되는 것이다.

못된 계모는 날마다 마술거울을 들여다보며 묻는다.

"거울아, 거울아, 세상에서 누가 가장 예쁘니?"

거울은 이렇게 대답한다.

"당신은 우아하고 아름다운 왕비이십니다. 하지만 백설 공주에게는 미치지 못합니다."

그 말에 격노한 계모 왕비는 신하에게 백설 공주를 숲속으로 끌고 가서 죽이라고 지시한다. 하지만 백설 공주를 불쌍하게 여긴 신하는 그녀를 죽이지 않고 숲속에 버려둔 채 성으로 돌아온다.

숲은 무서운 동물, 수많은 함정과 위험이 도사리고 있는 곳이었다. 무서워 땅에 몸을 붙이고 누워 있는데 이상한 일이 눈앞에 펼쳐지는 것이 아닌가. 귀엽게 생긴 작은 동물과 새가 그녀를 보호하듯 둘러싸는 것이었다. 자세히 보니 토끼, 다람쥐, 사슴, 비버, 너구리들이었다.

공주가 눈을 크게 뜨고 반기자 그들도 친절하면서도 붙임성 있게 나오는 것이었다. 백설 공주는 그들에게 자신이 살아온 얘기를 들려주었다. 그러자 동물들은 그녀가 머물 안락한 집으로 인도한다. 여기에서 귀엽고 아름다운 동물들이란 숲속에서 벗어날 수 있는 길을 제시하는 직관력이나 육감을 상징한다.

백설 공주가 인도된 작은 집은 일곱 난쟁이가 사는 곳이었다. 집안은 엉망이었다. 그래서 백설 공주와 동물들은 그곳을 깨끗이 청소하기 시작한다. 다람쥐는 꼬리로 먼지를 털어냈고, 새들은 바닥에 떨어진 물건을 부리로 집어 선반에 올렸으며, 사슴은 뿔에 물건을 걸어 옮겼다.

 금을 캐는 일을 하고 집으로 돌아온 일곱 난쟁이는 깨끗이 정돈된 침대에서 평화롭게 잠자고 있는 백설 공주를 발견한다. 아침에 눈을 뜬 백설 공주는 자신의 과거를 말해주었고, 난쟁이들은 그녀에게 자신들의 집에 살면서 청소나 요리를 해 달라고 부탁한다. 일곱 난쟁이들은 우리를 지켜주는 어떤 능력을 상징한다.

 한편 계모 왕비는 거울에게 묻는다.

 "이 세상에서 누가 가장 아름다운 여인이냐?"

 거울은 이렇게 대답한다.

 "언덕 너머의 숲이 무성한 곳에 일곱 난쟁이들이 사는 집이 있어요. 그곳에 사는 백설 공주가 왕비님보다 훨씬 예쁘답니다."

 다시 격분한 왕비는 낡은 옷으로 갈아입은 후 독이 든 사과를 들고 백설 공주를 찾아간다. 과연 백설 공주는 일곱 난쟁이들의 집에서 살고 있었다. 왕비는 탐스럽고 먹음직스럽게 생긴 사과로 유혹한다. 새들과 작은 동물들은 백설 공주에게 그 사과에 손대지 말라고 호소한다. 즉, 동물들이 그녀에게 그 사과에 손을 대서는 안 된다는 육감을 제시한 것이다.

 새와 동물은 당혹감에 그녀를 둘러싸지만, 백설 공주는 그 사과의 유혹을 떨치지 못하고 한 입에 베어 물고 바닥에 쓰러진다. 죽은 것이다. 새와 동물들이 달려가 난쟁이들을 데려오지만, 그들로서도 공주를 살릴 방도가 없다. 그들은 비탄에 젖어 땅을 치고 통곡한다.

 그때 잘 생긴 왕자가 나타나 공주에게 키스하자, 죽었던 공주가 살아난다. 공주는 왕자와 결혼하여 행복하게 살았지만, 못된 계모인 왕비는 무시무시한 폭풍에 휩쓸려 어딘지도 모를 곳으로 날아가 버렸다고 한다. 즉, 오래되고, 진부한 사고방식이 영원히 그 자취를 감추게 된 것이다.

 잘 생긴 왕자는 당신의 삶에 대한 전능하신 이의 거룩한 계획을 상징한다. 그 계획을 끌어들이는 순간 당신은 행복한 삶을 영위하게 되는 것이다. 백설 공주와 일곱 난쟁이들이란 만화 영화가 전 세계인을 매료시켰다.

당신의 잠재의식에 어떤 종류의 못된 계모가 자리잡고 있는지를 알아내야 한다. 당신의 삶에 부정의 믿음이 들게 하는 모든 것이 바로 못된 계모라는 점을 명심해야 한다.

사람들은 '항상 나에게는 좋은 일이 너무 늦게 찾아온단 말이야' 혹은 '좋은 기회가 많았지만 다 놓쳐버렸지 뭐야' 하고 투덜거린다. 이 말을 우리는 이렇게 바꾸어 말할 수 있어야 한다.

"항상 나는 눈을 크게 뜨고 행운을 찾고 있다. 따라서 속임수에 넘어가지 않는다."

사악한 계모가 지껄이는 음울한 속삭임을 몰아내라. 나쁜 사고의 노예가 되지 않으려거든 항상 눈을 부릅뜨고 경계해야 한다.

만약 마음에 걸리는 부분이 있다면 바로 개선하도록 노력하라. 다른 사람이 밉더라도 험담을 삼가고 가능하면 화해할 수 있도록 마음을 바꿔야 한다.

질투도 마찬가지이다. 다른 사람에게 질투를 느

끼고 있다면 자신의 장점을 찾도록 노력해야 한다. 당신이 회사원이고 동료가 먼저 출세했더라도 그의 능력을 비판하거나 그의 출세를 시샘하지 말라. 설령 그가 능력이 부족한 사람이고 당신의 비판이 정당하더라도 그를 비판하거나 시샘하면, 잠재의식은 당신의 불평만을 받아들일 뿐이다. 잠재의식의 입장에서 보면 동료에게 추월당했다고 불평하는 초라한 감정으로밖에 받아들여지지 않는다. 이런 때일수록 동료의 승진과 성공을 너그러운 마음으로 축하해 주어라. 그러면 개인의 잠재의식에 존재하는 부메랑 효과에 의해서 주위 사람들로부터 승진과 성공의 축가를 듣게 될 것이다.

성공하는 사람들의 생각과 실행법칙, 당신이 바라는 것이 있다면 다른 사람에게도 그런 행운이 깃들기를 기원하라. 당신이 바라지 않는 것은 다른 사람도 바라지 않는다. 당신이 만약 다른 사람의 불행을 바란다면 당신 자신도 불행해진다.

그 어떤 것도 내 인생에 대한 하나님의 거룩한 계획을 방

해 하고 늦추게 할 수는 없다. 하나님의 빛이 내 마음속을 흐르면서 성공으로 향한 넓은 길을 열어주신다.

성공을 부르는 비밀의 문

지은이   플로렌스 S. 쉰

옮긴이   김병민

초판1쇄   2014년 8월 20일

초판2쇄   2014년 9월 5일

펴낸곳   엘맨

발행인   채주희

등록   제10-1562호(1985.10.29)

주소   서울시 마포구 신수동 448-6

전화   02-323-4060, 6401-7004

팩스   02-323-6416

이메일   elman1985@hanmail.net

IBSN   978-89-5515-526-6

값   13,800원

* 이 책에 대한 무단 전재 및 복사를 금합니다.

* 잘못된 책은 바꾸어 드립니다.